马克思主义美学视域中的文艺理论问题研究

陈春莉 著

中国财富出版社有限公司

图书在版编目（CIP）数据

马克思主义美学视域中的文艺理论问题研究 / 陈春莉著. —— 北京：中国财富出版社有限公司，2020.10

ISBN 978-7-5047-7253-4

Ⅰ. ①马… Ⅱ. ①陈… Ⅲ. ①马克思主义美学－研究 Ⅳ. ①B83

中国版本图书馆CIP数据核字（2020）第190365号

策划编辑	宋　宇	责任编辑	齐惠民　郭逸亭		
责任印制	梁　凡	责任校对	张营营	责任发行	董倩

出版发行	中国财富出版社有限公司		
社　　址	北京市丰台区南四环西路188号5区20楼	邮政编码	100070
电　　话	010-52227588转2098（发行部）	010-52227588转321（总编室）	
	010-52227588转100（读者服务部）	010-52227588转305（质检部）	
网　　址	http://www.cfpress.com.cn	排　版	优盛文化
经　　销	新华书店	印　刷	定州启航印刷有限公司
书　　号	ISBN 978-7-5047-7253-4/B·0563		
开　　本	710mm×1000mm　1/16	版　次	2021年4月第1版
印　　张	11.25	印　次	2021年4月第1次印刷
字　　数	190千字	定　价	59.00元

版权所有·侵权必究·印装差错·负责调换

前 言

当前,中国的文学和艺术现象呈现出复杂性和多元性。文艺美学学科从理论的层面回应这些纷然杂陈的文艺事件需要坚定的立场和正确的方向。在"百花齐放、百家争鸣"的后现代社会,各种各样的理论学说轮番上阵,其中最具有顽强生命力和说服力的是马克思主义理论,它为我们从事研究提供了科学的世界观和正确的方法论,能够给文艺理论建设以最适宜、最恰当的理论指导。所以,马克思主义美学观可以成为我们从事文艺理论问题研究的基石。

马克思主义美学采用社会历史化的逻辑原则,摒弃了浪漫主义美学和哲学美学的形而上倾向。因此,对于建构具有中国特色的文艺理论来说,马克思主义美学是必不可少的理论资源。我们应以马克思主义美学观为理论立场,从其理论资源中汲取营养,开拓中国文艺理论问题研究的新思路、新方法,拓展研究空间。

本书以马克思主义的意识形态理论为聚焦点,立足中国当下的社会现实生活和文化艺术语境,坚定地走在构建历史唯物主义的马克思主义美学理论的道路上。第一章较为深入地探讨了当代美学理论的建构、美的本质、文艺理论的基本问题、文艺的起源等问题。以花馍和民歌等具有中国特色的文艺现象为个案,运用马克思主义美学的原理和历史唯物主义研究方法,具体地阐释了当代丰富多元的文艺现象,并较详细地探讨了文艺现象背后所反映的社会历史内容,以期运用中国元素讲好中国故事,进一步促进具有中国特色的文艺美学的发展。

第二章分析了后现代文化语境中的民族寓言理论。詹姆逊认为第三世界文学作品中包含着美国后现代主义文化中所缺失的"民族寓言"。中国著名作家鲁迅的作品就是詹姆逊所谓的"民族寓言"的最佳例证。他表面上是在写阿Q、狂人、祥林嫂等个体的故事,其实是在表达对中华民族未来命运的关注和忧虑。鲁迅的文化革命的寓言和希望的寓言都是救赎的审美乌托邦式书写,于是,借助于文本的隐喻和审美的张力,其作品具有了重要的意义,鲁迅也因此成为文化病症的疗救者。

在马克思主义美学视域中建设文艺理论，阐释具体的、鲜活的文艺现象，有利于将理论研究与生产生活实践密切联系起来，使得理论研究能够真正地指导实践，以不断地丰富民众的精神生活，促使民众全面发展。

陈春莉

2017 年 1 月

目 录

第一章　以意识形态理论为基石的文艺美学 / 001

　　第一节　当代美学理论的建构 / 001

　　第二节　进化论与艺术的起源 / 014

　　第三节　民歌的现代转型 / 025

　　第四节　民歌的发展对社会主义文化建设的积极意义 / 034

　　第五节　花馍艺术研究的开拓与深化 / 041

　　第六节　花馍艺术的保护与发展 / 050

第二章　后现代文化语境中的民族寓言理论 / 057

　　第一节　詹姆逊的后现代主义理论与文化乌托邦思想 / 059

　　第二节　民族寓言理论与第三世界文学 / 089

　　第三节　民族寓言：鲁迅文学作品意义的解读 / 096

　　第四节　文化革命的寓言与救赎的审美乌托邦 / 102

　　第五节　希望的寓言与乌托邦叙事 / 109

　　第六节　精神家园的缺失与寻找 / 116

附　教学的理论思考 / 123

参考文献 / 163

后　记 / 170

第一章 以意识形态理论为基石的文艺美学

在当代中国文艺美学界，存在许多不同的理论模式。它们在理论出发点、研究方法和基本框架方面不尽相同，各有特色，这在一定程度上标志着文艺美学学术的繁荣。但是，从总体上来看，这些研究并没有完全摆脱康德美学和海德格尔美学的影响，呈现出浓郁的浪漫主义色彩，这制约和影响着文艺美学的进一步发展和革新。为了改变这种格局，在构建当代具有中国特色的马克思主义文艺美学理论时，国内的一些学者，比如浙江大学教授王杰，开始从其他角度出发，探索和发展更为彻底的社会历史化的马克思主义美学的途径。多年来，王杰一直以马克思主义的意识形态理论为出发点，立足于中国当下的历史现实生活和文化艺术语境，坚定地走在构建历史唯物主义的马克思主义美学理论的道路上。本章以花馍和民歌等具有中国特色的艺术现象为个案，运用马克思主义美学的原理和历史唯物主义研究方法，具体地阐释当代丰富多元的文艺现象，并较详细地探讨文艺现象背后所反映的社会历史内容，以期运用中国元素讲好中国故事，进一步促进具有中国特色的文艺理论的发展。

第一节 当代美学理论的建构

据不完全统计，新时期以来，国内出版的各种类型的美学教材和美学原理性著作有300多种。尽管这些教材表面上大都打着马克思主义的旗号，并在行文中尽可能引用马克思和恩格斯的警句和格言，以呈现一种忠诚于马克思主义的倾向，但事实上，这些教材或著作往往通过抽象演绎来构建一种可以适用于一切审美现象的普遍化的哲学美学，带有鲜明的形而上倾向。它们常常偏离了马克思主义社会历史化的逻辑原则，不同程度地染上了唯心主义和浪漫主义的色彩。而实际上，凭借历史唯物主义的强大穿透力，马克思的美学思想已经超越了浪漫主义美学和哲学美学思想。对于力求构建一种马克思主义美学理论的中国学界来说，这种局面无疑是尴尬的。不过，值得欣慰的是，也有一些学者开始从另一个角度探索和发展更为彻底的社会历史化的马克思主义美学的途径，王杰就是其中一位。他所主编的《美学》教材就是建立中国现代形态的马克思主义美学体系的一次尝试。该书以意识形态理论为基石，以审美经验为起点，在历史唯物主义理论的基础上，对美的本质、美学基本问题、美的各种形态、审美感受、审美交流、审美教育和美学的未来发展进行了深入浅出的论述。限于篇幅，本节仅从王杰对美的本质的界定出发，以当下学术语境中影响较大的实践美学和超越美学为参照，对该教材的马克思主义美学特色进行粗浅的分析。

一、实践美学的局限

在实践美学中，对美的本质界定与对人的本质界定有关，其思想资源主要是青年马克思在《1844年经济学哲学手稿》（以下简称《手稿》）中所论述的"人的本质力量对象化"和"自然的人化"等哲学观念。在实践美学来看，人的本质在于与动物的类的区别，即如《手稿》里所说的，人是有意识的存在物，人使自己的生命活动本身变成自己的意志和意识的对象，人的活动是自由的活动，所以，人的本质就是人能从事自由自觉的对象化的生产劳动。在对象化的世界中，可以观照到人的本质力量，美的本质就是人的本质力量的对象化。这是因为，人要对象化，就必须掌握客观规律，支配"必然"，实现自由，自由是人的本质，美就是合规律与合目的的自由的形式，形式是有意味的形式，是在人类的总体历史实践中形成的，积淀着人类和个体在长期实践中取得的历史成果。[1]众所周知，实践美学这种观点受到很多批评。对其进行不遗余力批评的后实践美学认为，实践美学肯定了群体性，否定了个体主体性；肯定了人类的本质力量，推崇对自然的征服，肯定了社会客观和物质实践的决定力量，否定了个体的生命意义和精神自由。不过，在笔者看来，这种批评依然是在浪漫主义和唯心主义层面进行的，与批评对象处于同一水平。相比之下，王杰关于对象化理论的

---

[1] 李泽厚.美学三书[M].合肥：安徽文艺出版社，1999：477-485.

思考更切中实践美学的要害。他认为,"实践美学用人与自然、个体与社会二元关系的模式来研究和阐发马克思的对象化理论,实质上就仍然是用浪漫主义的理论框架来解决马克思主义美学问题"❶。这主要表现在,实践美学"强调了审美活动的能动性、创造性及物质基础,其弱点则在于对审美活动的受动性、偶然性、时间性重视不够,对现实中的必然性(恶)在审美活动中的积极作用等因素缺乏足够的系统思考,没有把这些因素在一个理论基点上统一起来"❷。

这里所谈的偶然性和时间性是针对实践美学突出普遍性和抽象性而忽略了具体特定的历史现实生活来说的。

实践美学的局限性与其对人的本质(自由自觉的生产活动)的理解有关。马克思讲的人与动物的类的区别只是从发生学意义、应该层面或者理想意义上谈的。发生学意义上的人的本质还不是真正的人的本质,这一点在异化社会和阶级社会显得尤其真实。人仅仅与动物区分开来,还不能称其为具体的人,这种类的人并不是感性的、现实的和历史的存在。而且,人的活动永远受到历史现实的限制和规定,人是受动的,即使是能够掌握规律,可以支配"必然",也不能获得彻底纯粹的自由。即使某个体在具体历史条件下可以在肉体上和精神上高度自由,但依旧没有多大意义,因为人的意义就在于社会生活中,在于他与别人的相互关系之中,在于他的行为方式能否推动现实生活的进步。仅从主体性、自由性和能动性来谈,而忽视社会历史与现实生活的决定作用,实际上依然是浪漫主义倾向的表现。也正因如此,马克思后来在《关于费尔巴哈的提纲》中做出一种更具唯物主义色彩的表述:"人的本质不是单个人所固有的抽象物,在其现实性上,它是一切社会关系的总和。"

这里,人不是一种自由自觉的存在,而是一种社会的、历史的、现实的存在。人作为社会关系总和的承担者,其具体使命不在于使自己在精神上和肉体上获得自由,而在于如何与他人合作,共同改变限制和规定人的自由的条件,改造他所处的具体的社会关系。

实践美学的对象化理论也存在难以解决的矛盾:一方面,实践美学为了保持唯物主义的色彩,极力避免滑向主观美学,认为对象化的是人的本

---

❶ 王杰.审美幻象研究——现代美学导论[M].桂林:广西师范大学出版社,1995:82.
❷ 王杰.审美幻象研究——现代美学导论[M].桂林:广西师范大学出版社,1995:111.

质，而不是人的本质力量，因为本质力量是衍生性的和第二性的，往往与精神性的因素如情感、意识、思想和意志联系起来。❶但即使如此，还有人批评道："既都认为美乃植根于'自由'，而'自由'原本只能是对人而言，即只能是人的'自由'。如此说来，'美'的根源，岂不仍然还是主要在'人'而并非主要在'物'，是取决于存在主体方面之条件，而并非取决于存在客体方面之条件吗？"❷另一方面，又要避免机械唯物主义色彩，要突出主体的能动性和创造性，从而淡化现实生活关系的决定作用。如王杰所分析的，这种不可解决的矛盾的根源在于主客体对立的二元思维上。新实践美学表面看来修正了旧实践美学的问题，将美的本质概括为三个定义：一是审美活动是人借助于人化对象与别人交流情感的活动，它在其现实上就是美感。二是人的情感对象化就是艺术。三是对象化了的情感就是美。❸在此，美的本质是具有形式的、对象化的、与别人进行交流的情感，个体的精神性的情感因为与他人相联系，因此也反映社会关系的总和。这里注意到个体性、精神性和与他人的联系，但是，显而易见，其重点依然是人的本质力量的确证，审美依然是一种精神性的自由活动，这依然是从理想意义和纯粹意义上来谈的。将这种自由的情感对象化，就易于把审美活动看成一个纯净的、美丽的、永恒性的、形式化的理想世界。事实上，如王杰指出的，精神分析学说关于利必多冲动、拖泥带水的欲望、沉重惨痛的心理创伤和玷污行为的创造性的深刻分析，已经说明实践美学所说的那种对象化只能是在理想意义上来谈的，一些显然是创造性的优秀艺术，其所表达的东西并非确证人的本质力量，而更可能的是满足现实生活的匮乏，缓解现实生活中的痛苦，想象性地解决现实生活中不可解决的矛盾。这种对象化的艺术美有时可能是主体的欲望和恐惧乔装打扮后的形式，是文化和社会现实的禁忌的秘密转换，其根源在于现实生活中的严重的匮乏与痛苦、激烈的矛盾与冲突和极不公正合理的结构秩序。实际上，精神分析的理论已经强有力地解构了浪漫主义美学所推崇的那种对象化的、自由能动

---

❶ 李泽厚.美学三书[M].合肥：安徽文艺出版社，1999：477-485.
❷ 洪毅然.美与"人的本质力量对象化"[J].文艺研究，1989（4）：20-24.
❸ 邓晓芒，易中天.黄与蓝的交响：中西美学比较论[M].武汉：武汉大学出版社，2007：373.

的、美丽纯洁的、绝对自律的现代神话❶，而新实践美学似乎难以面对这种挑战。

以超越美学为代表的后实践美学意欲超越实践美学，在当代学术界也产生了一定影响，但在笔者看来，在关于美的本质的理解上，超越美学的理论见识似乎连实践美学也不如。与实践美学一样，超越美学也以对人的本质的哲学界定为出发点，在表面上也基于青年马克思的对人的本质的界定，即人是自由自觉的存在，不过换了一种表述，认为人的生存的本质是自由，自由性主要体现在充分的个体性、精神性和主体间性。不难看出，这表面上是在发展马克思主义，实际上已经转换成海德格尔式的表述了，其理论立场的理想主义和浪漫主义色彩要比实践美学更为浓郁。由此出发，超越美学认为，美的本质既不在客体，也不在主体，而在于主体间性，美的本质在于超越性和自由性。超越美学吸取了存在主义美学的主体间性概念，表面上如新实践美学那样避免了实践美学那种以人为本、以自我为本的问题，认为自由是审美主体在对审美对象进行审美体验时所得到的。但是，不难看出，这种自由只不过是一种静观的、理想的和纯净的高峰体验，根源还在于主体一极的精神世界。所谓的沟通主体间性实际上只是在理想意义和观念意义上才有可能实现。在现实生活中，单纯整一的性格是不存在的。尤其是在现代社会，许多人在心理上都处于分裂、碎片化的存在状态，善良与邪恶、正直与卑鄙、热情与冷漠、仁爱与残忍等性质相反的品格可能同时在一个人的身上叠合存在。如前所论，唯物主义视角下，这种内心深处的矛盾的根源在于社会历史和现实生活。在这种状况下，在现实生活中，要实现充分畅达的相互对话与理解交流，存在难以克服的困难。如王杰所论："无论这种人与人之间的爱心交流会达到何种程度，都改变不了现实的历史的真实，即人类主体之间存在壁垒森严的障碍和阻隔。对于个体来说，另一种个体的实在性从来就不是一个既定的事实，而仅仅是一种可能性，也就是说，自我从来也没有恰如其分地、现实地理解自我以及自我与他人的关系。在自我与他人之间，始终存在着一种不完全透明、很难真正穿透的阻隔。"❷而且，我们知道，即使通过审美能够达到理想意义的交流，依然改变不了现实生活中的不可交流。纳粹分子

---

❶ 王杰.审美幻象研究——现代美学导论[M].桂林：广西师范大学出版社，1995：28-41.
❷ 王杰.审美幻象研究——现代美学导论[M].桂林：广西师范大学出版社，1995：110.

可以一边听着贝多芬的《英雄交响曲》，一边将犹太人驱赶进毒气室，这种数不胜数的例子说明即使文化艺术修养很高、能够在精神上实现超越和自由的人，也照样可以在现实生活中做下邪恶残忍的暴行。超越美学对美的本质的理解过于理想化和唯心化，而其希望用审美来解决现代人的精神问题，也只不过是审美乌托邦的一种变形表现。在马克思主义看来，单纯通过主体的精神上的超越和形而上的追寻，并不能解决现代社会普遍的、弥漫性的焦虑症，只有通过改造规定和限制主体精神与现实生活关系的不合理，才有可能从根本上解决现代人的精神问题。马克思主义美学的着重点应该是探讨如何通过审美把握和表征真实的现实生活关系，探讨如何利用审美改造当下的现实生活关系和形塑一种可以实现的未来的途径。

二、超越美学的局限

在对美的本质界定上，王杰主编的《美学》教材做出了较有说服力的阐释。该教材实际上用了与维特根斯坦的家族相似的方法，并没有像实践美学和后实践美学那样寻求一个确定的全体共有的先在本质，而是从审美经验和审美活动出发，对审美现象的相似之处和亲缘关系进行由浅入深、由外到内的描述。首先，从感知和常识层面对美的常见特点——形象性、情感性和超越性进行了描述。接下来，在理论上对美进行界定时，先对探讨美的本质的历史进行了追溯和评价，然后用人类审美学的具体事例说明，美与文化语境有关，如果不考虑语境对美的规定的制约作用，而只满足于对美的本质做出各种纯哲学式的抽象规定，希望这种预定的本质可能对世界各民族的文化语境和具体的艺术审美实践作出阐释，这在后现代文化语境下是难以让人信服的。该教材也对审美关系进行了分析，并指出，审美关系并非某种凌驾于现实人生之上的逻辑形式，而是人对现实关系的一种整体把握，最重要的不是认识论意义上所预设和追求的那种主客体关系的完全一致，而是对人的社会文化存在的切实关怀。❶《美学》认为："人与自然之间的共构关系不仅是人类社会的基础，也是美学思考的对象和基础；人与人之间的共构关系（社会关系），则是美学研究的核心内容。"❷在这种外围的攻城略地的描述中，该教材已经超越了维特根斯坦那种后现代主义

---

❶ 王杰.美学[M].2版.北京：高等教育出版社，2008：54.
❷ 王杰.美学[M].2版.北京：高等教育出版社，2008：44.

的相对立场，在对文化语境、审美关系、社会文化存在和现实生活关系的强调上已经呈现出了鲜明的历史唯物主义倾向。

这种在外围上对美的本质的界定，从表面上看其与实践美学和后实践美学并无明显区分，但实际上，《美学》已经逐渐开始呈现自身对美的本质的理解，即以历史性的研究为契机，将"美的本质问题扎根于历史时空之中""树立起美是一个开放性的系统的观念，充分考虑到美的复杂性和多样性，考虑到美的多方面的本质属性，在变化、运动和多维的人生现实中求解美的本质问题"。❶《美学》在对美的本质进行界定之前，也对人的本质作出阐述，不过与实践美学和后实践美学不同，《美学》认为，"人不是单一性的、固定不变的自然存在物，而是具有多层面的结构、发生多方面变化的动态系统""作为审美关系的主体的人，包括自然性与物质性、社会性与精神性以及历史性等几方面的本质属性"。这里突出了人的本质不仅在于与动物区分开来的特性，而且在于人是处于一定的社会、文化与历史关系的具体存在。《美学》是从相对开放和多层次的理论视角对美的本质作出说明的，其学理依据是：①美的观念是一个开放系统，既与人生及其创造有本质关联，又以整个文明史和审美观念史为限，在现实性上还以整个全球范围内不同社会体制和不同意识形态背景下的社会族群和生活聚落为限。②美是整体性的存在，是人以整体性的生命存在来面对生活世界，没有主客体之分。③审美关系是一种有机的整体性关系，与人对现实的实用关系、认识关系和道德等有着内在的依存性。④人的活动图景是一个有机整体，不能用物质生产活动和精神活动二元对立的方法来区分。这样，就没有把美理解为是与具体现实生活、活生生的人生历程、波澜壮阔的社会历史内容割裂开来的纯精神体验，也没有把审美活动看成一种纯粹自主的存在，而是把美看成一种特殊的社会文化存在形式。《美学》也较为透彻地分析了美的社会属性、文化属性和存在属性，深刻地指出，美在所有人类社会中都是不可或缺的，美与艺术具有强大的把握和表征个体所处的现实生活关系的功能，美在价值塑造方面可以发挥重要作用。

在笔者看来，《美学》的一个非常重要的贡献是，把美界定为以情感为中介的意识形态属性或价值，这个带有鲜明唯物主义倾向的定义，具有较强的理论穿透力和阐释力。意识形态理论是马克思主义唯物史观的一个重

---

❶ 王杰. 美学[M]. 2版. 北京：高等教育出版社，2008：46.

要内容，马克思开创了意识形态理论之后，许多马克思主义学者在他生前没有时间和精力展开之处，即意识形态的相对独立性和能动性方面，拓展与深化了对意识形态的认识。普列汉诺夫、巴赫金和奥地利马克思主义者威廉·赖希研究了意识形态是如何通过社会心理这种中间环节作用于经济基础的。葛兰西和路易·阿尔都塞在意识形态理论方面的研究贡献最多，前者发现，在西欧资本主义国家政权的背后，还有一个像庞大的碉堡群一样保护着它的十分强大的市民社会，维系市民社会的不是国家暴力机器，而是文化、伦理和意识形态。意识形态如毛细血管般无孔不入地渗透到日常生活的方方面面，并像水泥一样将整个社会黏合起来，使被统治者在观念、精神和心理上达成与统治者一样的共识，满足并服从于现有秩序。阿尔都塞认为，意识形态不仅是一种观念精神的存在，而且是一种物质存在，通过各种仪式把个体质询成心甘情愿地臣服于意识形态的"主体"，看上去是观念性的意识形态拥有了物质性的实践力量，成了一种实实在在的国家机器。❶还有一些思想家也对意识形态理论作出了重要贡献，如拉康认为意识形态已经渗透到人们的无意识中，从而使人们在一定程度上离不开意识形态这种虚假的幻象，永远需要这种可以慰藉自己的虚假认同感。齐泽克指出，意识形态并不是高高在上的，而是通过缝合、认同和移情等运作机制，完全融合进现实生活中，渗透在各种各样的现象、事件和生活方式中，如浸染在俗语、习惯用语和一些荒诞不经的黄色笑话中。在齐泽克看来，意识形态已经成为社会存在。丹尼尔·贝尔认为，意识形态之所以具有力量，是因为它能诱发起人们的激情❷，也就是说意识形态已经渗透到神圣的情感领域中了。在特里·伊格尔顿看来，在意识形态的影响下，艺术与审美都成了意识形态的有效媒介。

多年来，王杰在意识形态理论方面做出了非常出色的研究。他认为，西方马克思主义的问题在于"对审美意识形态问题的研究，主要侧重于研究审美意识形态与占统治地位的支配性意识形态的共谋关系，强调审美意

---

❶ [法]路易·阿尔都塞.意识形态和意识形态国家机器[J].思想，1970（151）：320-339.

❷ [美]丹尼尔·贝尔.意识形态的终结[M].张国清，译.南京：江苏人民出版社，2001：394.

识形态与资本主义生产关系的内在一致性"❶,却没有注意到,意识形态对于社会成员和共同体成员也发挥着积极的建设性的作用。在他看来,在社会主义社会,由于基础在当前历史阶段的合理性,应该看到意识形态的积极的一面,注重发挥其强大的建设性作用。这一点在《美学》对意识形态的界定可以看出来:"一般来说,意识形态是指适合一定的经济基础并代表着社会主体力量根本利益的情感、表象和观念体系的总和,其基本特征是用想象性中介来沟通个体与社会、人与现实之间的联系。"❷就此而言,一些人类学的研究与王杰的观点不谋而合。如列维·施特劳斯在《野性的思维》中认为,神话系统在初民社会扮演着与现代社会中的意识形态一样的角色,它使各种东西"各居其位,保持秩序"。如果没有这些神话系统,那些氏族成员就会在蛮荒粗糙的世界中无所适从,难以寻找到自己的位置和认同感。克利福德·格尔茨关于意识形态的论述也较为中性,在他看来,意识形态与特定的历史语境中的社会摩擦、社会矛盾或社会持久的不良整合有关。社会的不完善、结构上的不协调往往使个人产生不安全感,个体成员在这种矛盾结构中会感到绝望与焦灼。而意识形态思想实际上是"对这类绝望的反应……它为由社会失衡造成的情感波动提供了一个'象征性的发泄口'"❸。

正是从这种学术背景出发,《美学》把美的本质界定为以情感为中介的意识形态属性和价值,这是王杰一直坚持的学术立场。他在其博士论文中就曾指出把美看成一种审美意识形态对于美学建设的重要性:"审美问题主要是个体的感性经验问题,审美的意识形态作为从个体的感性经验到社会历史的中介,既是'有意味的形式',又是主体欲望的对象化表达;从能动性的角度讲,审美的意识形态是创造性实践活动的结果,从受动性的角度讲,它又是特定的社会关系对主体内在世界以及欲望表达机制的塑造;从形象学的角度说,它既是纷繁复杂的现实生活的凝固化和形式化,又有助于激活麻木的主体和僵硬的文化符号,使形象达到某种生动的真实。从人类学的角度讲,审美的意识形态既可以成为神秘化和蒙昧性的根源,也可以作为具体性的科学和具有深层真实性的'野性思维'。审美的意识形态

---

❶ 王杰.当代中国语境中的审美意识形态理论[J].文艺研究,2006(8):13-21.
❷ 王杰.美学[M].2版.北京:高等教育出版社,2008:54.
❸ [美]克利福德·格尔茨.文化的解释[M].韩莉,译.南京:译林出版社,2002:243.

作为个体与社会之间、精神与物质之间,以及个体内在欲望与外在现实之间的中介,从外延方面讲,比实践概念具有更为广泛的普遍性(包括了幻想和情感性实践),从思维的深度和多向性的统一这个方面讲,也比实践概念更加辩证,更具有历史性和具体性,它把人类存在的想象性方面和实践性方面统一起来,从而获得更大的理论张力。"[1]与实践美学和后实践美学相比,这种对美的本质的界定,由于基础的决定性,作为意识形态的美与美学便立足于坚实的物质基础之上,与广阔的现实生活和具体的活生生的人生相联系,与社会文化语境相联系。这样,美与审美就具有了空间性和时间性、地方性和历史性。由于意识形态是对现实生活关系的想象性表达,所以作为意识形态的美与艺术必然具有认识功能和价值功能,就不会再像康德美学那样,把感性与理性、无功利与功利对立起来。意识形态并非一种抽象观念的东西,高高地凌驾于基础之上,它本身就具有强大的扩散性和实践性的特点,从而像空气一样弥漫渗透于日常生活的缝隙中,成为一种物质性的社会存在。这样来理解美的本质,就可以避免把审美与艺术纯净化和自律化的浪漫主义倾向,使美与艺术融入流动变化的活生生的现实人生。因为,意识形态的基础在于日常生活,所以,从意识形态属性来理解美和美学,必然会使理论重点落到普通大众的日常生活和日常需要上来,就使美学研究可以进行实证分析和定量分析,就不会像超越美学那样变得神秘化和形而上学化。

《美学》在界定美的特殊性,即美与其他意识形态区分的特点时,并不是在艺术作品本身寻找一种普遍不变的文本构成特性,而是从整体的审美活动中指出美是以情感为基本中介的。这个界定与学界经常说的审美意识形态实际上有所区别,并不是审美与意识形态的简单相加,后者虽然也说意识形态,但其着重点在于感性的、无功利的审美性,这实际上还是在康德美学里绕圈子。而在《美学》里,其重点在于意识形态,即重点在于审美与现实生活和具体人生的密切联系。在《美学》看来,因为情感具有想象与幻想的特点,所以审美意识形态有助于人们在正视现有的现实生活关系的前提下,表征合乎人类和谐发展和各种潜能全面发展的愿望以及可以实现的理想图景,从这层意义上看,美还是一种与现实人生相联系的价值。

---

[1] 王杰.审美幻象研究——现代美学导论[M].桂林:广西师范大学出版社,1995:112.

三、审美意识形态理论的贡献

总体来看，实践美学与超越美学都是一种哲学美学，都希望通过逻辑思辨，推演出一种普遍永恒的关于美或审美的本质定义，然后从这所谓的"第一原理"出发，"逻辑顺次推演出一切艺术和审美活动的本质规律"❶"合理地推演出审美的一系列具体性质"❷。这种理论和哲学上的雄心壮志让人佩服，但是，在后现代语境下，再像黑格尔那样通过形而上的逻辑思辨，构建一种可以解释一切审美现象和艺术现象的"上下贯通、互相关联的完整的理论体系"❸，恐怕不只是"有很大的难度"，而是其本身就是一种唯心主义的冲动。从美学发展史来看，不可能有这样的一种逻辑观念，能够将世界上和人类历史上不同民族、不同地方的丰富多彩、流动变化、纷繁复杂的各种审美现象和艺术现象都统一和网罗起来的。哲学美学往往通过抽象的手段，将艺术作品和审美活动从现实琐事中抽象出来，却遗忘了正是这些不起眼的现实琐事制约和影响着它们的生产、接受及其效果。马克思曾经指出，具体之所以具体，是因为它是许多规定的集中，这些规定的相互作用只能通过思维的极端抽象才能掌握。马克思所说的"规定"，实际上就是在"具体"的背后调节、制约和影响它们的各种社会历史、文化语境和话语制度的因素。哲学上的抽象应该是对许多规定的具体影响及其相互作用进行研究，而不是将"具体"与它们剥离开来。仅仅在观念上演绎推理而不在特定的社会历史关系中对各种艺术现象所构建的美学体系进行分析，是难以解释流动变化、活泼生动的审美现象的。如托马斯·门罗所指出的："美学如果仍躲在传统的樊笼里苦思冥想，只作形而上学的概念分析，它定将变得毫无生气和虚假造作，即使对于理性认识也没有多大价值。"❹

---

❶ 邓晓芒，易中天.黄与蓝的交响：中西美学比较论[M].武汉：武汉大学出版社，2007：373.

❷ 杨春时.关于大学教材的学术性和学术创新——《美学》写作经验谈[J].中国大学教学，2005（4）：63-64.

❸ 杨春时.关于大学教材的学术性和学术创新——《美学》写作经验谈[J].中国大学教学，2005（4）：63-64.

❹ [美]门罗.走向科学的美学[M].石天曙，滕守尧，译.北京：中国文艺联合出版公司，1984：149.

就此而言，王杰的学术思路不同。他尽管是哲学系出身，却清醒地认识到："现代美学问题不可能用传统的美学方法进行直接的理论思辨"❶"美学……还必须研究我们的日常生活，研究从不同的日常生活中产生出来的不同的审美需要和文化需要，研究现代人和现代人的日常生活"❷。因此，美学必然以历史唯物主义哲学为基础，"必然与人类学研究联系起来"，这一点也在他所主编的《美学》中体现出来。如前所论，该教材是以日常生活中的审美经验和审美需要为出发点，而对美的本质的界定，也不是通过逻辑思辨演绎的，而是通过家族相似、历史考察、由外到内的描述方法阐释的。这种定义不是逻辑规定，而是一种为了开展研究不得不限定研究对象的权宜之计的描述，只是部分地接近真理，而不是像有些学者所谓的已经成为真理。哲学美学从观念出发，最后又回到观念，回到主体的人的精神自由和心灵自由上，而《美学》是从审美现象出发，通过对美的本质的界定，最后又回到制约和影响人的精神自由的历史条件和生活关系上来。其所运用的抽象思维，不是仅仅着眼于艺术活动，还着眼于艺术活动背后的各种规定的相互作用。维特根斯坦曾说过，不要问"X是什么"，而是问"X是如何在语言中运用的"。其实，王杰所要发展的现代美学也与此相似，不过不再是在形而上层面搞玄学游戏，而是深入研究艺术与审美活动在具体社会历史语境中是如何发挥作用的以及发挥作用的条件。凭借这种历史唯物主义的理论方法，《美学》对各种美学形态、美学史现象、基本原理作出较有穿透力的历史解释，这在一定程度上揭示了艺术现象和审美现象背后错综复杂的规定性。这种美学的目的不是超越现实，而是对现实生活的一种把握，最终目的是改造现实生活关系和社会结构。

如王杰所指出的，从康德经由海德格尔到西方马克思主义的哲学美学传统还有一个致命的理论内伤，就是在理论上表现出来的贵族性倾向。❸一般来说，哲学美学都面临两个问题，主体（艺术家）的资格和美（艺术）的标准问题。首先是主体问题，在哲学美学传统中，关于主体的思考一直保持着高傲的贵族姿态。只有那些能够开展普遍判断、具有自我意识、没有充分异化、具有独特禀赋、在体制之外的人，如天才、哲学家、先知、

---

❶ 王杰.审美幻象研究——现代美学导论[M].桂林：广西师范大学出版社，1995：19.
❷ 王杰.审美幻象研究——现代美学导论[M].桂林：广西师范大学出版社，1995：18.
❸ 王杰.审美幻象研究——现代美学导论[M].桂林：广西师范大学出版社，1995：16.

高级知识分子、真正的艺术家和批评家才能冲破意识形态的牢笼，才有资格、才可能创造否定现实和超越现实的经典的艺术作品，而其对立面实际上就是缺乏文化修养的、有待启蒙的普通民众。其次是在判断所谓的美的艺术上，哲学美学大都以传统或经典的艺术为标准，其对立面是新兴文化和通俗艺术，尤其是普通民众日常生活中的审美经验和情感性经验。从实践美学和超越美学对美的本质的定义（"人的本质力量的对象化"或"美是超越"）来看，这种贵族化倾向也是明显的，什么人才可以将本质力量对象化，才可以"超越"或否定？什么样的艺术有资格进入神圣的美学殿堂？结论必然是精英主义的，只有一些超凡脱俗的圣哲才有可能体验到海德格尔式的那种高高在上让人战栗的神秘美丽的存在，他们无须在烦琐庸俗的现实生活中填饱肠胃并释放力比多冲动，他们有充分的诗意情怀、时间、物质保证能够体验那种神秘的存在。而所谓的真正艺术，往往成为一些只有受过专门训练的高雅人士才能享受的神秘深奥的东西，并被有效地封锁在博物馆、音乐厅、剧院和大学的课堂中，让广大的普通民众难以自由地享用。这一方面使艺术因为脱离现实生活和普通民众的血色丰润的感性经验而日益走上贫血空洞的精神化和观念化的路径，另一方面使艺术成为一些特权阶层的生活点缀品，从而使他们与普通民众区分开来。如舒斯特曼所说的："将艺术等同于高级艺术传统，可以服务于压迫的社会—文化精英，他们通过确信艺术（至少在其所推崇的欣赏模式之内）将保持超出常人的趣味和领域，通过既标明又巩固常人普遍的自卑感，来寻求维护和巩固其阶级的优越性。"❶

相形之下，以意识理论为基石的美学，可以将一切耸立于社会条件之上的各种不同阶层的流动变化的情感性经验和幻想形式都囊括进来。因为这种美学的目的不在于构建宏大完善的理论体系，而在于改造作为意识形态的基础的社会条件和现实生活关系，所以，必然会关注大多数人的日常生活和普通民众的审美需要。鉴于日常生活仍然较为抽象和普泛，王杰主张把身体作为美学问题的物质基础。实际上不是心灵而是身体行走在这个荒凉的世界上，被现实生活桎梏着，同时也感受着生活的意义，因此身体最有可能体会到真实的需要。在日常生活中，审美主要在普通民众的情感性经验和审美经验中得到对象化的表达。这种身体性的审美经验虽然拖泥

---

❶ [美]舒斯特曼.实用主义美学[M].彭锋，译.北京：商务印书馆，2002：37.

带水且充满肉欲和感性，在哲学美学看来算不上是经典艺术，却比纯形式化的艺术更有可能揭示特定历史条件下普通民众在身体上遭受的限制与痛苦，更有可能表征真正的现实生活关系。而且，由于底层民众的顽强坚韧的生命力，以及情感性经验的想象性，在这种不入流的真正的大众文化中，也往往蕴含着超越现实生活和建设更为理想的未来社会关系的可能性，只不过这种理想不是观念意义上的乌托邦形象，而是以现实生活为基础的可以实现的未来。正是基于这种理念，在近几年，王杰的学术研究转向田野民间和审美人类学。在笔者看来，与高高在上的哲学美学相比较，王杰脚踏实地的历史唯物主义的探索可能更富有成效。

当然，作为一部多人合著的《美学》教材，还存在不少问题。主要表现在某些章节的内容简释与主编的思想并不完全相符，如"社会美"一章并没有将关于美的本质的定义一以贯之，"自然美"一章也缺乏意识形态理论的支撑，而"审美范畴"在理论上表述存在逻辑不清的问题，其中"韵与意境"一节，对于刚入美学之门的大学生来说，显得有些过于艰深。笔者殷切地期待该教材再版时能做进一步的改进与完善。

第二节　进化论与艺术的起源

艺术的起源对于美学、文艺学和艺术学来说是一个重要课题，国内学界对其进行的讨论在20世纪末较为热烈，除了数量众多的学术文章外，朱狄（1982）、杨志明与章建刚（1996）和郑元者（1999）等学者还先后出版了以"艺术的起源"冠名的专著。不过，从当前的各类教材在这个课题上仍然纠缠于宗教说、游戏说、巫术说和劳动说等已不能令人信服的传统观点来看，上述研究在学界并未达成共识。到20世纪初，艺术的起源似乎已经成为无解之谜，渐渐失去学术界的关注，在各类学术期刊上已很难看到讨论文章。更有甚者，一些学者干脆从后现代主义怀疑一切的视角来探讨，认为艺术起源问题不可能搞清楚（如高玉的系列论文）。笔者以为，对"艺术的起源"的理解，关系到对艺术和审美现象的意义、价值、功能和本质等问题的理解，也关系到各类美学和艺术学教材的编写，对其持虚无主义的立场，并非明智的学术选择。本节意欲通过梳理艺术进化观的发展史，指出从进化论角度对艺术起源进行探讨可能是一条有效途径。

(一)进化论与艺术的起源

实际上,早在19世纪70年代欧美学界就开始从进化论角度探讨艺术起源,较为著名的人物有斯宾塞、丹纳、格罗塞、哈登和摩尔根等。他们认为,既然人类是渐渐地从动物状态发展进化为真正的人的,那么,艺术自然也是在人类发展过程中渐渐孕育、诞生、形成和发展而来的。赫伯特·斯宾塞在达尔文之前出版了《进步:它的规律和原因》(1857),在该书中,他试图运用进化理论来解释艺术现象,认为艺术的发展是一部由低级简单发展到高级复杂的历史。他从生物学角度来解释艺术的产生,认为随着进化,人的远距离器官如眼睛与耳朵得到发展,便发现了各种刺激物作为符号的意义,这样人就能对较远距离之外或预料之中的事物做出反应,也可以对作为符号的刺激物做出反应,而艺术就是作为刺激物的符号产生的。关于人出于何种原因从事艺术行为,斯宾塞认同了席勒的游戏说观点,认为游戏和艺术都是过剩精力的发泄。在低等动物那里,有机体的所有力量全部消耗在维持生命所必需的活动上,而在高等动物如人那里,身体内部常常积聚一些剩余力量,从而需要游戏来发泄。在这种过剩的生命活动中,可以见到艺术活动的一般特征,如快感、自由感、愉悦感和无实际功利目的等。而当人渐渐成长发展,到了不能再以游戏为满足时,便转而从事艺术或审美活动。

在斯宾塞时代,以康德、黑格尔和谢林为代表的德国古典美学占主流地位,他们认为艺术是一种至高无上的精神产品,推崇静观沉思、形式化和形而上的理性活动,而把艺术与普通人的日常感官经验和情感经验区分开来。斯宾塞等人借助进化论的声势,利用考古学、人类学的大量丰富的实证材料,运用比较研究的方法,从生物学角度对艺术现象进行了崭新解释,这无疑对以康德为首的德国古典美学构成了强有力的挑战。

但是,艺术进化观也受到许多怀疑,概括起来主要有以下几种。其一,人固然是进化而来的,但很难说艺术也是进化而来的。即使说艺术在最初随着人进化而来,但当其脱离了原始阶段后,就不应该再具有进化的性质,否则,就难以理解某些原始艺术是文明时代艺术难以企及的规范这种现象。其二,进化论虽然适应于古生物学、地质学和生命科学,但并不能将自然选择法则移植运用到社会发展和文化发展上。如果从生物学和物质条件角度来解释艺术现象，势必忽略了艺术的虚幻性、想象性和精神性，从而使艺术庸俗化。其三，由于斯宾塞、泰勒和摩尔根等人坚持一种线性的、呈不断上升趋势的、向前发展的社会进化论和文化进化论，这在当时实际上是在为自由竞争的资本主义社会的适者生存法则辩护，服务于一种不可避免的、进步的、递增的社会变革，从而蜕化成维护和加强资产阶级利益的意识形态。这种进化论也常常呈现出一种民族中心主义的倾向，"把自己和自己的群体当作宇宙的中心事实以及宇宙万事万物的无可怀疑的尺度"❶，而加强了殖民主义、种族主义、精英主义和其他沙文主义的偏见。这种艺术进化观常常把"野蛮人"的审美经验放在艺术发展史上一个上升等级的底部，而把白种西欧人的艺术放在顶端，从而严重削弱了艺术进化论的说服力。

20世纪初，以泰勒、摩尔根为代表的文化进化论受到了博厄斯人类学派的攻击而渐渐失去市场，同时随着考古工作取得的成就和欧洲洞穴壁画的重大发现，巫术说逐渐取代了以进化论为基础的游戏说，艺术进化论的影响力也日渐式微。在整个20世纪，在生命科学中证明非常有效的进化论却常常在社会和文化领域受到责难，虽然时不时涌现出一些重新倡议的学者如马林诺夫斯基、莱斯利·怀特、朱利安·斯图尔德和马文·哈里斯等人，但再没有产生重要影响。据埃伦·迪萨纳亚克的分析，这与坚守固定、终极、永恒和不可改变的观念的西方哲学传统有关，这种传统从根本上反对接受达尔文在关于人类生存状况的解释中坚持的变化性与偶然性。文艺复兴之后，在归纳科学和经验主义兴起之后的启蒙语境中，自由、平等和进步的理想导致各种学说都"把人看作空白的'蜡版'（可以通过教育和社会改革来提高），并由此把任何已经铭刻在那块蜡版上的'先天观念'都解释成是对自由民主观念的威胁"❷。即使在今天，进化论"仍然因为带有'科学心态'的性质而受到猜疑……作为生物学的达尔文主义和作为科学的生物学被圈进同一个'当心'的范畴，并且被认定为危险的、还原主义的，

---

❶ [美]迪萨纳亚克.审美的人：艺术来自何处及原因何在[M].户晓辉，译.北京：商务印书馆，2004：41.

❷ [美]迪萨纳亚克.审美的人：艺术来自何处及原因何在[M].户晓辉，译.北京：商务印书馆，2004：41.

与美、和平以及人类尺度相对立"❶。而文化进化论在学术界的失势也导致很少有人能重新审视艺术进化论,绝大部分学者依然沉浸于传统的艺术观念,认为艺术是上帝、绝对、存在、理性、真理、精神或诗意的神秘显现,而忽视了艺术的生物学基础和自然基础,不能够认识到"艺术行为是普遍的和必需的,是每个人在生物学意义上被赋予的倾向"❷。

(二)艺术能力是进化来的

从进化论角度研究艺术起源的还有一位被人忽略却又非常重要的美学家约翰·杜威,他在美学方面的重要贡献是其富有原创性的经典之作《艺术即经验》。该书涉及范围广泛、讨论细致、富有激情且新见迭出,但由于分析美学的兴起和其他原因,这本在1934年就已出版的美学专著一直到20世纪后期才引起学界的注意。❸杜威深受达尔文进化论的影响,他不满于斯宾塞的社会文化进化论,曾尝试把道德和政治思想的种种范畴与生物进化的达尔文主义融合在一起,进而提出他自己的自然生物主义原则。在杜威看来,生物有机体对于外界的反应都是受到外部环境刺激的产物,而人类的各种心智活动的展开,归根结底是对外部环境刺激的反应,文化的产生和发展也与人的生物体需要有关。不难看出,这与人类学家马林诺夫斯基的文化功能主义类似。杜威认为,要理解艺术的本质,就必须回归其最初源头,而早期艺术与人类克服不安心理、增加生活经验的需要有直接关系,人类之所以乐此不疲地从事艺术活动,在很大程度上是因为他们通过感觉扩展了社群经验和生活经验。杜威美学的最重要的特征是身体自然主义,其美学建立在人的有机体的自然需要、构造和行动的基础之上,非常重视人的身体与自然和环境之间的互动,强调艺术以人的日常生活经验为源泉。杜威认为,艺术和美的根源潜伏在人的基本生命功能之中,潜伏在人与鸟兽共享的生物意义上的常见现象之中。而一切艺术都是生命有机体与其所处环境相互作用的结果,都是一种包含能量、行动和材料的重新组织的活

---

❶ [美]迪萨纳亚克.审美的人:艺术来自何处及原因何在[M].户晓辉,译.北京:商务印书馆,2004:45.
❷ [美]迪萨纳亚克.审美的人:艺术来自何处及原因何在[M].户晓辉,译.北京:商务印书馆,2004:33.
❸ [美]舒斯特曼.实用主义美学[M].彭锋,译.北京:商务印书馆,2002:18.

动。虽然艺术已经日益精神化，但生命有机体的底层仍然是艺术的母胎和基础，是艺术情感能量的永不枯竭的来源。❶

在《艺术即经验》一书中，杜威从发生学的角度对审美经验和艺术的起源进行了精湛的分析。他认为，一般而言，作为生命体的人与自身之外的环境接触产生了经验，尽管环境制约和规定着人，但具有生命意志的人也在抵抗和改善着环境，经验就是作为生命体的人在与环境相互碰撞和相互作用的过程中产生的。经验是主体与客体相互联系和相互平衡的中介，人通过经验既认识、理解和改善了环境，又使自身的生理器官和身体得到发展，心理、情感和精神世界也渐趋丰富和复杂。与英国经验主义的经验不同，杜威并未像后者那样将经验视为某种心理性的东西，而是将经验的外延进行了无限扩展，使之成为一个行为学的概念。在杜威看来，经验与人的生命同在，只要人还是一个活的生命体，其经验就不是静态僵化的，而是流动变化和生生不息的。经验既是感性的，又是理性的。人在经验世界时，是以他的全部感官、肌肉系统和大脑，即以他的整个身体感受、参与和改善世界，并在这个世界中满足本能需要，积累和释放能量。随着身体和大脑在经验中的发展，人逐渐形成对自然中的各种关系的认识，并开始利用在自然中所发现的因果关系，改变现有的物质安排，此时，人的行为和运动不再是生理性的直接反应，而是变成了沟通、交流和表现的中介，这也就意味着意识和理性正在形成。但是，身体依然是不可缺少的物质基础，杜威指出："机体的基质仍是活跃而深刻的基础。没有自然中的因果关系，构想和发明不可能出现。没有动物生命中的周期性冲突和实现过程的关系，经验中就没有设计和图式。没有从动物祖先中继承来的器官，思想与目的就没有实现的机制。"❷

在杜威看来，一个经验就是其材料得到完满实现、具有独特个性的完整经验。人在日常生活中与环境互动时所达到的经验的平衡与和谐状态，可以使人体会到存在的幸福、喜悦或审美愉悦。他认为这种通过进化而来的普通经验是有机体与环境相互作用的结果，已经蕴含着审美的萌芽。它具有整一性、丰富性、积累性、节奏性和最后的圆满性，充满张力，生气勃勃，并且渗透着情感和意识。而且，它可以扩展人的生命，"使他有可

---

❶ [美]舒斯特曼.实用主义美学[M].彭锋,译.北京：商务印书馆，2002：20.

❷ [美]约翰·杜威.艺术即经验[M].高建平,译.北京：商务印书馆，2007：25.

能将感觉与冲动之间，脑、眼、耳之间的结合推进到新的、前所未有的高度"❶，因此能让人感到身心愉悦，从而带有一定的审美性质。在审美经验中，目的和手段完美结合，经验得到了扩大、丰富并生动化，因而具有彻底性、强烈性和清晰性。与此相对，非审美的经验就是没有与环境充分结合，没有很好地适应环境，因而是不完整和不彻底的经验。杜威认为，审美经验并非遥不可及，它是每一个完整经验的发展，这暗示了任何人类活动都可以具有审美性和艺术性，都可以成为审美经验。在他看来，日常生活中随处可见的经验，如"一件作品以一种令人满意的方式完成；一个问题得到了解决；一个游戏玩结束了；一个情况，不管是吃一餐饭、玩一盘棋、进行一番谈话、写一本书，或者参加一场选战"❷，都可以成为带有审美性质的经验。

不难看出，杜威认为，艺术能力是进化而来的，艺术以有机体需要和日常经验为基础，人们从事艺术是为了更好地生存。在杜威看来，人类经验的历史就是一部艺术发展史，人有创造艺术的本能和需要，这正是艺术一直存在并且不断变革的原因。如理查德·舒斯特曼所指出的，杜威的观点是针对当时占统治地位的康德美学而提出的。在后者那里，美完全成为具有高级心智的自由游戏，艺术成为一些特权阶层的生活点缀品。正是对这种现状强烈不满，杜威着手从进化论和发生学的角度，从普通经验出发来探讨艺术的起源、特点和文化功能，探讨将艺术与广大民众日常生活联系起来的有效途径。他对艺术的理解具有强烈的民主色彩和实用主义色彩，而他对艺术起源的分析无疑是精湛深刻的。但是，也要看到，杜威把艺术与其他经验如游戏、仪式等并没有区分开来，如果把人类的一切活动、一切经验都看作审美经验，似乎有将审美经验泛化之嫌。日常经验如吃饭、谈话和下棋等固然蕴含着审美的萌芽，可能是潜在的艺术，但显然与艺术有明显区别，经验成为艺术，需要制作者和参与者的审美意图或审美态度，而且还需要某种可以让人参与进来的有意而为的形式。而在经验如何发展为审美经验这一非常复杂的具体环节上，在人们为何乐此不疲地从事艺术活动的动机上，杜威论述得还不够充分和清晰。

---

❶ [美]约翰·杜威.艺术即经验[M].高建平，译.北京：商务印书馆，2007：23.
❷ [美]约翰·杜威.艺术即经验[M].高建平，译.北京：商务印书馆，2007：37.

（三）艺术是人性中的生物学进化因素

美国当代学者埃伦·迪萨纳亚克在两本著作《艺术为了什么？》（1988）和《审美的人：艺术来自何处及原因何在》（1995）中指出，艺术是人性中的生物学进化因素，是正常的、自然的和必需的，其中后者以"艺术来自何处及原因何在"为副标题，从鲜明的进化论、生物学、行为学和人种学的角度探讨了艺术的起源，对该课题做出了富有说服力的解释。

与杜威一样，迪萨纳亚克也反对社会进化论的适者生存的道德律，认为自然选择理论只不过是描述了一个经历无数代的选择过程，在其中，某些在具体环境中赋予某物种更强的生存能力的特征会延续下去，而另一些对生存能力贡献不大的特征就会消亡，这样，这个物种就会逐渐调整以更好地适应其环境。物种的生存大都是群体性的，因此，在进化过程中，其生存并不必然是排他性生存，而更多的是有利于物种延续的包容性生存，所以，对进化论的理解会导致更强的道德感，而不是更具竞争性的贪婪。❶ 迪萨纳亚克认为人种行为本质上是选择"做或者不做，或者以一种方式而不以另一种方式做"，人往往倾向于选择让人感觉良好的东西，而让人感觉良好的东西一般都是对人类进化有生存价值的东西。感觉良好使人在生物学意义上对人生存必需的环境和行为中得到了很大快感，如饮食、休息和熟悉安全的环境，拥有性、孩子和亲密朋友，交谈和从事觉得有益和适当的活动；同样，感觉良好也使人们在表演活动中得到了很大的快感，如唱歌、跳舞、表演戏剧、演奏乐器、装饰自己和美化人工制品等。

迪萨纳亚克指出，绝大多数社会都看重舞蹈中的轻快和优雅，重视语言中的洪亮、生动和韵律或语音的押韵，也看重演奏的共鸣和力度，而除了视觉和听觉的因素之外，还比较看重一些娱乐认知官能的因素，如重复、样式、连续、清晰、灵巧和对一个主题的表达。尽管以上要素有的并非来自审美情境，但是，当人以非同寻常的特殊方式安排和建构这些审美元素时就会感觉良好，而且又因为这种行为有益于人的生存，如唱歌和节奏有助于拉网和舂碎谷粒这些协作性工作，音乐也可以使放牧和旅行这些单调的任务变得可以忍受，用图片和故事来进行教育和传递消息要胜过成千上

---

❶ [美]迪萨纳亚克.审美的人：艺术来自何处及原因何在[M].户晓辉，译.北京：商务印书馆，2004：45.

万的词汇，舞蹈可以实现自我展示、吸引配偶和娱悦身心，所以，人们会乐此不疲地从事这些活动，形成一种行为趋势和做这种事情的心理倾向，而经过数代人的自然选择的积累，这种行为趋势或心理倾向就可能变成一种遗传性的物种特征。

　　迪萨纳亚克从进化论的基本原则出发，认为有三种迹象表明审美和艺术已经成了人的物种特征。首先，审美"助长了一种心境，在这种心境中，注意力被集中、唤起、移动、控制和满足，使人进入最佳状态，感觉良好"❶，所以人们倾向于积极地从事审美活动。其次，人们花费大量时间和精力去加入审美和艺术的洪流，这说明艺术绝不是一种无聊消遣和可有可无的奢侈品。最后，在现在所知的每一个人类社会中，不论是史前的、古代的、现代的，还是狩猎的、采集的、游牧的、农业的、工业的，审美现象都是普遍存在的，人们高度重视，并且心甘情愿地参与。❷这说明，艺术成了人类所做的某种事情，因为它帮助他们生存，有它人类生存得会更好。❸她还强调，审美并非如一般的关于艺术起源的理论所认为的那样，是生活的附加物、衍生物或副现象，艺术并非游戏或仪式的一种变体，而是和它们一样，与一种特殊的秩序、领域、心境和存在状态有关。艺术在漫长的进化过程中，实际上已经成为一种鲜明的物种特征，经过了自然选择，是每个人在生物学意义上被赋予的倾向，与人的基因有关。

　　在普通行为如何发展成为艺术行为的过渡环节方面，迪萨纳亚克提出了"使其特殊"（extra-ordinary）这个术语。她认为，人通过进化形成一种生物学意义的倾向性，想与平常（ordinary）不同，想做一些特殊超常的事情，其动机是"要说服自己和他人，正在做的事情是值得做和有效的"❹。在她看来，隐藏在艺术品背后的行为倾向是"使其特殊"或者"超出平常"，

---

❶ [美]迪萨纳亚克.审美的人：艺术来自何处及原因何在[M].户晓辉，译.北京：商务印书馆，2004：50.
❷ [美]迪萨纳亚克.审美的人：艺术来自何处及原因何在[M].户晓辉，译.北京：商务印书馆，2004：63.
❸ [美]迪萨纳亚克.审美的人：艺术来自何处及原因何在[M].户晓辉，译.北京：商务印书馆，2004：64.
❹ [美]迪萨纳亚克.审美的人：艺术来自何处及原因何在[M].户晓辉，译.北京：商务印书馆，2004：86.

这正如澳大利亚剔骨鸟为了吸引配偶常常把自己的小巢筑得与众不同一样。她解释道，随着人类的进化，他们看到自己在某些方面不同于自然，逐渐能够更好地记忆、计划、想象和猜想，渐渐就不像其他动物那样仅仅对破坏性事件被动反应。她认为，人类能够超出平常，因此比那些只会被动机械、听天由命地应对自然和环境变化的物种要生存得更好。和所有动物一样，人类也区分平常与超常，但他们比其他任何动物更有意地试图做点事情，去感化、阻止、转变或控制恼人的"他者"，并将极端情况或危险情况纳入控制之下。

迪萨纳亚克曾举过马林诺夫斯基描述的一个例子说明她的观点：在一场可怕的暴风雨中，与马林诺夫斯基一块儿生活的一群特罗布里恩岛居民聚集在一起，用一种唱歌的声调吟诵咒语。在风暴中，整齐的吟诵节奏及其带来的凝聚感比互不协调的个人的恐惧反应更具有镇定作用。在迪萨纳亚克看来，审美行为与这种自然而然的要做点事情的迫切要求有关。这样他们就可以不再被动无为，而是超常或者使其特殊。在最初时期，人所挑选的这种超乎平常的东西可以调动人的感官，可以挑逗和刺激人的情绪，从而提供与平常不同的特殊的满足和愉快。他们挑选的往往是"在进化过程中被选择用来表示某些东西是好的和有益于身心健康的那些特点，例如：健康、年轻和生命力的视觉符号，如光滑、光泽、暖色或本色、干净、精致或没有瑕疵以及动作的活力、精确和优美。"❶人们利用这些本身来自非审美情境中的一些因素，如节奏、新奇、秩序、图案、颜色、身体动作等可以获得快感的因素，来使他们的游戏、仪式和庆典等行为显得特殊，从而使这些行为让人感觉良好。这样，现代意义上的艺术行为实际上已经产生了。

迪萨纳亚克认为，艺术虽然是超出平常的，在某种意义上被加了括弧从日常生活中凸显出来，但它们并不只是个体的经验，也不是超功利的，因为其确定是在集体看重的活动中得以实现的，它们服务于人类永久的利害关系，维护了集体经验和伦理道德。她说："被挑选出来使其特殊的绝对是被认为重要的东西，即作为庆典组成部分的物品和活动，而这些庆典又涉及一些重大的变迁，如出生、青春期、结婚和死亡，寻找食物，确保充

---

❶ [美]迪萨纳亚克.审美的人：艺术来自何处及原因何在[M].户晓辉，译.北京：商务印书馆，2004：90.

裕、保证妇女和大地的生殖力，治病，打仗或化解冲突，等等。"❶不难看出，迪萨纳亚克关于艺术与日常生活的利害关系的论述，与杜威的理论立场实际上是一致的。艺术是人类在漫长岁月中通过进化逐渐创造的，并且服务于人类的日常生活和永久利益，而且，艺术并非个人的神秘超验的想象力的作品，更不是由外在的神与上帝恩赐的。

现在来看，与其他传统的艺术起源理论相比，迪萨纳亚克对艺术起源的探讨有较强的说服力和更广泛的适用性。无可否认，人毕竟是进化而来的，我们"不能把进化背景从人类中拿出去"。在研究艺术起源时刻意回避生物学意义的进化过程，不从发生学意义来着手，应该说是有失偏颇的。迪萨纳亚克吸收并强调了游戏说中的与艺术始终相伴的身体（包括生理和心理）愉悦感，这暗含着对现代主义拒绝与参与者进行移情和交流而使艺术走向象牙塔的突出弊病的深刻批判。在坚持艺术功利目的方面，艺术进化观与巫术说是一致的，它指出了艺术与人类生活和终极利益的内在关系，有力地批判了"为艺术而艺术"和与日常生活相区分的唯美主义，提倡艺术重新回归并服务于现实生活的理念。迪萨纳亚克非常重视巫术思维中的联想、假装、幻想和想象的心理机制，认为这些机制不只是想象性地满足愿望的手段，还在投射情绪方面具有治疗性、病理性、创造性和防御性的价值，而且还能够创造和产生新的意义。更为关键的是，她并没有像巫术说那样，把艺术较为高级的阶段（如各类洞穴壁画）当作艺术的起源时期，而是从生物学和进化论角度，分析原始艺术行为的动机。

这种艺术进化观也与马克思主义的劳动说有某种一致性，迪萨纳亚克认为，在寻找人类行为的物质根源或身体根源方面，她也是一位唯物主义者。马克思和恩格斯深受达尔文进化论的影响是众所周知的，从恩格斯的经常被援引作为"艺术起源于劳动"论据的名言，即"只是由于劳动，由于和日新月异的动作相适应，由于这样所引起的肌肉、韧带以及更长时间内引起的骨骼的特别发展遗传下来，而且由于这些遗传下来的灵巧性以越来越新的方式运用于新的越来越复杂的动作，人的手才达到这样高度的完善，在这个基础上它才能仿佛凭着魔力似的产生了拉斐尔的绘画、托尔瓦

---

❶ [美]迪萨纳亚克.审美的人：艺术来自何处及原因何在[M].户晓辉，译.北京：商务印书馆，2004：99.

德森的雕刻以及帕格尼尼的音乐"[1]，不难看出，艺术行为产生的条件和基础（人的身体的有机组成，如肌肉、韧带、骨骼等）是在漫长岁月中通过劳动形成的，或者更广义地说是通过自然选择的进化形成的。不过，与一般的马克思主义对艺术的理解不同的是，迪萨纳亚克不赞成把艺术看成以物质生存为基础的上层建筑的组成部分，她认为想做点什么来应对自然环境的超出平常的行为，对人类进化和生存来说也是基本的，而使其特殊的艺术行为也是人生存的内在需要。人们在自然中获取生存资料时一定伴随着与技术因素不可分的心理或情绪因素，而这种自然（不仅包括物理环境，还包括人的行为和情绪）是需要文化来影响和控制的，艺术行为实际上就是对人的行为和情绪的控制，它并不是生产资料活动中衍生出来的，而是其内在的必要组成部分。

在这点上，笔者认为，迪萨纳亚克和马克思二人的艺术观并不对立。马克思把艺术看成意识形态，是从艺术在阶级社会往往成为加强既得利益集团的利益和区分不同阶层的工具的意义上来谈的，而当马克思在剩余价值理论中谈到"自由的精神生产"（当然，他把艺术归于此类）时，曾将其与意识形态的生产相区别，他也以弥尔顿为例说明艺术这种特殊生产是一种尚未异化的劳动。这说明在马克思那里，真正的艺术是区分人与非人的标志，是人类的种的特征，真正的艺术对于人类社会来说是永恒的和不可或缺的，这与迪萨纳亚克的艺术观实质上是相同的。而从迪萨纳亚克对艺术以人的身体感官为基础的强调、对艺术应该服务于人类利益的最终福祉的倡导和对艺术与广大民众的日常生活隔离开来的精英主义艺术观的尖锐批判来看，其艺术观已经克服了佩里·安德森所指出的西方马克思主义特有的贵族美学倾向，应该说是对马克思主义的艺术理论的重大发展。而且特别重要的是，与传统劳动说相比，迪萨纳亚克的杰出贡献在于，她解答

---

[1] 中共中央马克思恩格斯列宁斯大林著作编译局.马克思恩格斯选集（第3卷）[M]. 北京：人民出版社，1972：509-510.

了传统的马克思主义的劳动说并未完全解答的问题❶，即人类为何在其他行为之外还要苦心经营艺术。在她看来，艺术是有效地应对、影响和控制自然的使其特殊的行为，是作为有效地控制自然的强化手段而出现的。

当然，认为迪萨纳亚克的理论已经彻底地解决了艺术起源的问题，仍然为时过早，艺术进化观还存在一些理论难题，如艺术起源之后是否还在进化，艺术是否沿着一条线性连续之路而进化发展，是否存在高级艺术和低级艺术之分等。在笔者看来，在艺术起源这个课题上，从进化论角度进行探讨可能不失为一条有效途径，这就需要学界同人的共同努力。

第三节 民歌的现代转型

整个世界范围内经济领域的全球化已成为事实，由于经济势力的推波助澜，文化领域的全球化也渐渐彰显。在这种背景下，各种形态的文化相互渗透交融导致文化的差异性和多样性受到猛烈冲击。而经济上占据强势地位的国家的文化拥有更多的主动权，因此，文化实力和影响力已经成为国家富强、民族振兴的重要标志，成为衡量一个国家综合实力的关键指标。在崭新的国际发展趋势之下，当前维护中国国家文化安全任务日益艰巨，提高国家文化软实力，已经成为我党和国家的一项重大战略任务。因此抢救、保护与发展中国独具特色的民间艺术也成为当前文化建设的应有之义。南宁国际民歌节就是在这种复杂的境况下诞生的，其自1999年至今已成功举办20届。昔日在田间地头、山涧小溪传唱的质朴民歌，如今穿着节日盛装登上了现代舞台。从民间到舞台、从山野到都市，民歌转型是必然的。值得我们深入思考的一系列问题是：民歌应该如何移植到现代舞台上？其转型后会是一种什么样的形态？身份发生了哪些变化？

---

❶ 如钱中文先生指出的："恩格斯这段有名的话，实际上讲的是艺术生产的物质条件，而并不涉及起源。……这里说明的是劳动的作用和精神财富创造的物质条件，而不是文学艺术创造的动因，不是审美的、社会的、心理的创作的起因。如果由于劳动实践是人类社会最基本的实践活动，因而也把它看成是文学艺术的起源，那么，其他意识形式的起源当然也可以用劳动来说明了。这样的说明显然大而无当，过于宽泛了。"引自钱中文.钱中文文集（第2卷）[M].哈尔滨：黑龙江教育出版社，2008：5-6.

一、大地飞歌：人类精神家园的"神话"

民间艺术与广大人民群众的日常生活联系极其密切，与中国特有的生产方式、生活样态、社会组织制度以及由此制约的心理习惯和文化风俗有关，这些都影响着中国人的思维方式、情感特征和审美意识。作为一种重要的民间艺术的民歌，产生于传统的农耕文明社会，是广大人民群众情感、理想、愿望等精神生活的艺术表达，具有较强的本土性、地域性、时代性和民族性。"从总体上看，艺术是一个时代精神的索引，任何一个时代的特殊的感情，都会诱导出与这些感情相合拍、相一致的形式。"❶民歌深深地根植于劳动群众的生产活动和生活实践中，既是全体劳动人民集体智慧的结晶，也是各民族风土人情、日常生活和情感思想的记录和表征。

在后工业化和信息化社会，生产方式和社会结构发生了巨大变化，民歌不可避免地受到了直接的影响。由于流行音乐、好莱坞大片、都市电视剧等时尚文化的盛行，民歌处在尴尬的境地，要么被淘汰出局，要么改头换面以新的形式出现。时代变了，但民歌中所积淀的情感并没有消失，反而因历史的久远而更加浓郁。经过新技术、新媒介包装的民歌，它纯真和质朴的情感因素，为精神处于迷茫之中的当代人构建了一所充满奇情异趣的精神家园。杰姆逊认为，所谓科学就是使一切解符码化，由于现代科学技术的迅猛发展，人类凭借现代知识破解了一个又一个曾经神秘难解的大自然难题，昔日的神话不再神秘难测、难以捉摸。神话里的阿喀琉斯不可能同现代科技产物的火药与枪弹共存，法力无穷的法玛也被各种便捷的信息高速公路所取代，传说中的嫦娥奔月的故事演变成了人类乘坐宇宙飞船登上月球的事实。我们也可以自信地说，科学的时代就是人类原始神话不断消解的时代。马克思说过："任何神话都是用想象或借助想象以征服自然力，支配自然力，把自然力加以形象化；因而，随着这些自然力实际上被支配，神话也就消失了。"❷当自然逐渐地被人类征服、利用，并成为人类从事生命活动的对象时，神话便失去了它的功利性价值和直接的目的性需求。

---

❶ 滕守尧.审美心理描述[M].北京：中国社会科学出版社，1987：203.
❷ 中共中央马克思恩格斯列宁斯大林著作编译局.马克思恩格斯选集（第2卷）[M].北京：人民出版社，1997：28.

不过，虽然作为艺术形式的神话消失了，但是其中所蕴含的神话精神并未完全消失，而是以鲜活的艺术形式保留下来，给后来人以丰富的艺术享受。马克思继续论述道："但是，困难不在于理解希腊艺术和史诗同一定社会发展形式结合在一起，而是它们何以仍然能够给我们以艺术享受，并且就某方面说它们还是一种规范和高不可及的范本。"❶马克思在此提出了一个艺术何以具有永恒魅力的问题。

接下来以马克思的神话理论来审视今天的民歌和民歌明天的命运。民歌是世界上各族人民在长期的生产劳动和日常生活中创造的一种艺术形式，它源于生活又回归生活。现代民歌远离了它产生的环境，为何还能以独有的魅力吸引着当代人？科学使一切解符码化，但人类仍需要创造另一种新的神话世界，即进行再符码化，民歌是再符码化的一种艺术形式。科学造福人类的同时也带来了巨大的灾难，两次世界大战打破了资本主义社会的美梦，疾病的流行，战争冲突不断升级……人类需要一个不同于传统的现代精神家园来安抚精神上的孤独和伤痛，重新建构一个诗意生存的美好空间。民歌作为某一历史时期的特定环境的产物，包含着许多经验性的信息，即民族精神的实质——民族的理想、价值观、道德信仰、民族性格、民族气质等。民歌所蕴含的这些积极因素具有无限的生机和创造力，可以有效地解决后现代主义历史纵深感消失的问题，能够连接过去和现在并指向未来，包含着未来的新生力量，成为社会发展的种子。

民歌永恒的魅力和蕴含的生命力量源于人类与自然的和谐相处。自然使得民歌成为有根之木、有源之水。民歌单纯和质朴的艺术特色与后现代艺术的浮华、绚丽和耀眼形成鲜明的对比。民歌开端的句子多半描述优美的自然景物，在修辞上称为起兴。起兴手法的运用使歌者由眼前的景物联想到人，即触景生情、由景传情、以景达情。身居钢筋水泥构建的建筑物中的都市人无法亲身感受这种原生态的自然之美、浓郁的乡土气息和触景而生的情感。现代人所缺失而又渴望的，正是民歌中表达的人类与大自然的和谐相处，源自自然的鲜活的生命力和浓郁的情感。"在社会的现代化进程中，民歌所包孕着的'乡愁的理念'可以成为孤独的人群的情感依

---

❶ 中共中央马克思恩格斯列宁斯大林著作编译局.马克思恩格斯选集（第2卷）[M].北京：人民出版社，1997：29.

托，以及都市中异化存在的解毒剂，在某种意义上也是现代人情感上的精神家园。"❶

二、文化传承方式的转换

民歌作为最古老的艺术形式之一，它产生于人们的生产劳动和日常生活，"原始人类的生产活动逐渐培养了人对于节奏和音调的特殊感觉"❷。民歌的音韵、节奏与缓慢的农业生产方式相关，是智慧的劳动人民为自己创造的"诗意栖居"的世界。在可以书写的文字出现之前，原始诗歌与音乐、舞蹈一样，是劳动人民集体创作、口耳相传的，他们不单纯为唱歌而唱歌，唱歌只是他们生活或生产的一部分。在劳作时，唱歌可以协调动作，提高劳动效率，缓解劳动的疲惫。大多数民歌是劳动人民的即兴创作，并没有经过专业人士的精心加工和改造。传播方式以口头传唱为主，在没有任何录音录像技术的年代，民歌无法保存下来，极易失传或变形。

当社会跨入新技术革命和数字化信息时代后，先进的技术设备和便捷的通信方式为民歌的传播提供了新的途径。由于社会生产方式的巨大变化，民歌的传播和发展方式的转型成为一种必然趋势。"艺术作品虽然是由符号构成，但是，以往由于符号运用的谨慎，人们往往对符号背后的东西感兴趣，或者说正相反，由于人们对符号背后的东西的关注，他们在使用符号时就极其谨慎，深恐符号的紊乱带来艺术形象的混乱。对待符号的这种审慎的态度决定了人们对待艺术的审慎态度。"❸民歌是世界各民族在长期的历史发展中逐渐创造的一种文化符号，是标志本民族特色的一张名片。当民歌变化了语境，开始走上现代舞台的时候，其所面临的创新和改造是必然的。人们对民歌进行创新的时候，小心翼翼，试图把最本真的味道保留下来。面对已经登上现代舞台的民歌，人们不禁疑惑它还是不是真正的民歌。

在《发达资本主义时代的抒情诗人》中，德国马克思主义批评家本雅明对现代艺术生产问题做了详细明确的阐释，他提出在机械复制时代的资

---

❶ 王杰.民歌与当代大众文化——全球化语境中民族文化认同的危机及其重构[J].广西民族大学学报（哲学社会科学版），2006（6）：64-68.

❷ 吴超.中国民歌[M].杭州：浙江教育出版社，1995：32.

❸ 蒋原伦.传统的界限：符号、话语与民族文化[M].北京：北京师范大学出版社，1998：4.

本主义商品生产中,艺术生产是随着报纸与期刊等出版事业的发展而不断兴起的。民歌在当今时代的发展也必然离不开先进技术和现代手段的运用,并且新的音乐技术和传媒方式对民歌的拓展起着积极的作用。我们不可能重复过去的历史,更不可能退回到民歌成长的环境。民歌也需要借助于现代各种技术手段推陈出新。南宁国际民歌节开幕式舞台设计所展现出的听觉和视觉内容影响着它对观众的吸引力。立体声的音响、高档的乐器和精美绝伦的灯光效果使得民歌演出背景变得光彩夺目。比如,2002年南宁国际民歌节开幕式的舞台运用现代技术来布置,各色灯光环绕着铜鼓,绣球两侧安装了超大屏幕,用上了世界上最先进的线阵式音箱,声音穿透力极强。

如今的各种先进录音、录像和摄制技术可以将民歌完好无损地记录下来,并可以随时随地进行复制,而且后人也可以依照模本进行深入加工、再创造,或者作为学习的范例。先进的音响系统可以数倍增大和增强音量和音效。VCD、DVD、EVD、音乐平台等使得民歌传播的渠道更加多元化,世界的任何角落都可以在第一时间播放具有田野气息的各种民歌。民歌作为一种文化是处于动态中的,处于不断的发展和革新中的民歌在新的语境中获得了永久的生机和活力。现今,我们不仅可以听到来自遥远的高原、小溪、田间、地头的歌声,而且可以在璀璨夺目的舞台观看富有表演性的民歌。法国哲学家费利克斯·瓜塔里对于机器给人类带来的巨大进步大加赞赏,他甚至指出"当今的信息与传播机器不仅传达表征性内容,而且有助于形成观点阐发的新型聚合体"。以演出多年的南宁国际民歌艺术节为例可以看出,先进的音响设备和五彩缤纷的灯光为民歌增色不少,并且吸引更多的人加入倾听、观赏民歌的队伍,由此民歌的知名度和影响力也在逐步地扩大。

科技是一把双刃剑,现代技术在民歌中的运用也是如此。经过现代技术精心包装的民歌会不会失去了许多本真的东西?德国现象学家马丁·海德格尔在分析新时代的技术时指出:事物在技术的统治下成为单纯的物质性存在,人们所关注的只是物质的功能性价值,因而,事物的许多具有意义的内容消失了,如生命精神的创造性等。

苏珊·朗格称艺术为"生命的形式",生命就在于不断的死亡和新生的运动,民歌也应该是一种消长的建构过程。所以,民歌发展到现阶段,它是需要改造的，也是可以改造的。民歌的转型要保留它最内在、最本质的自然的东西、情感的内容。发展民歌就要将其精神内核传承下来并发扬光大。但是，我们对原有民歌改造的前提是保留其思想的精髓，即民歌所蕴含的集体主义价值观、真实浓郁的情感、清新质朴的审美趣味和积极乐观的生活态度。民歌与群众的生活密切联系，强调日常生活的艺术化表达。具有鲜明特色的民歌是本族、本地域居民的精神的集中体现，是其在生产和生活的基础上进行艺术创造的结果。民歌始终处于活跃的状态之中，它应该是开放的，吸纳一切有益的养料，在变化了的语境中不断地革新。

当民歌意识到"好酒也怕巷子深"时，便穿上节日盛装，走出大山，走过田野，走上绚丽多彩的现代舞台，面对全球的观众。需要讨论的问题的关键是，民歌如何从传统走向现代？其身份发生了什么变化？

三、民歌文化身份的多重建构

在工业化和后工业化文明中，与传统农耕文明相伴而生的民歌会不会灭亡，如果面临灭亡，我们该如何去拯救它？马克思指出："一个成人不能再变成儿童，否则就变得稚气了。但是，儿童的天真不使成人感到愉快吗？"❶民歌与民族、族群的生命历程和社会发展、习俗变迁等息息相关，保留了童年的稚气、纯朴和天真。这些都是人类精神世界中弥足珍贵的东西，但是，如果因此我们一直把童年的这种幼稚视为瑰宝，那么幼稚则会变成故步自封。康定斯基也说过，对一件作品中的清规戒律的追求，如果我们执意坚持某一时代的表现方法，就只会把艺术引入歧途，使艺术遭到曲解，使之黯然失色甚至湮没无闻。因此，在已经发生了根本变化的历史条件下，民歌不能因循守旧、抱残守缺，而是应该与时俱进，在更高层次上将民族文化、民族习俗、民族信仰、民族价值观念和价值追求等传承下去。

在信息化和都市化语境下，民歌已经不再单纯是乡村群落的民众表情达意的艺术形态，其所承载的社会意义、文化价值和扮演的角色发生了转变，具有了多重身份和多种象征意义。民歌作为民族文化的承载者，它不仅仅是一种艺术形式，也应该担负起"启蒙"和"重铸"的职责，因此民歌

---

❶ 中共中央马克思恩格斯列宁斯大林著作编译局.马克思恩格斯选集（第2卷）[M]. 北京：人民出版社，1997：29.

不仅要建构当代独特的神话思维，还要启发大众的审美意识，激发群众的凝聚力和创造力。随着工业化进程的加快，人们对民歌的热情不是逐渐冷却而是日益升温。"在现代化进程中，都市人中间弥漫着一种普遍性的疲惫厌倦、空虚无聊和焦灼烦躁的现代性焦虑的情绪，与此相应，也弥漫着一种普遍性的怀旧恋乡的情绪。而古朴原始的民歌形式与富有诗意的具体性思维和野性思维息息相关，也与过去、传统和土地具有天然的联系。这些因素使民歌在一定程度上成为缓解现代性焦虑的解毒剂。"❶在身体被异化、思想分裂成碎片时，人们需要从民歌中体会"余韵"的快感。

艺术作品的特色与其所处的时代风貌密切相关，并且记录、传播着时代的情感特色。民歌中包含着丰富的时代情感，所以，民歌的传承不仅是简单的艺术发展，而且也是时代精神和内涵的延续。"当出现一种在整个道德和精神方面的内在趋势的相似，一种曾经起初为人热烈追求而后来却消失得无影无踪的理想之间的类似，一种两个时代之间的'内在情调'的类似时，那些在过去曾被用来表达人们当时各类见解的形式便复活了，这是合乎逻辑的必然结果。"❷现代人因为崇尚实利，其精神信仰失去了可以栖居的家园，试图从传统的艺术中寻回久违的感情，民歌则是在这一艺术寻找过程中呈现的。民歌在找回记忆的过程中承担着建构民族精神家园的重任。现代语境中的民歌不仅起着建构民众精神世界、重塑生活方式的作用，而且衍生出多重前所未有的角色。广西壮族自治区民歌成为广西南宁冲出中国、走向世界的一张响亮名片。"大地飞歌"，即歌声要飞起来，飞到世界的每一个角落。民歌艺术节又是一个集旅游休闲、文化展示、经贸合作为一体的综合性、多功能的节庆活动，它已经成为南宁对外进行文化交流和经济互动的重要窗口。民歌实施产业化操作，依靠自身的运转筹集资金，宣传民歌的同时带动经济的腾飞，达到一箭双雕的目的。南宁国际民歌艺术节的成功举办可以为我们提供能够借鉴的经验。民歌节是以"经济搭台，文艺唱戏"为宗旨操办起来的，由仅是政府主办逐步转为商业承办，并且被商业炒作得越来越火热，由当初的亏损转向盈利，同时也带动了商贸、

---

❶ 强东红.文化治理与民歌资源——以陕北秧歌剧《米脂婆姨绥德汉》为例[J].马克思主义美学研究，2008（1）：144-155.

❷ [俄]瓦·康定斯基.论艺术的精神[M].查立，译.北京：中国社会科学出版社，1987：11.

旅游、餐饮等各种行业的发展。现在改为大地飞歌公司承办，实行商业化运作，民歌艺术改换了传统的美学角色，与经济、贸易、旅游等经济活动联系起来，自2003年以来，与民歌节同时推出的还有博览会、贸易洽谈会、美食节。截至2019年，民歌节的舞台从南宁市区进入各县，并且在新农村振兴和乡村脱贫中发挥了一定的作用，如在西乡塘区、横上林县、隆安县等地以民歌节为交流平台，同时推出具有本地特色的休闲农业旅游、农产品展览会，以助力农村的脱贫攻坚工作。

走出大山的民歌被人任意"装扮"，并且承担了太多的任务。面对这种转变，众说纷纭，有的人甚至提出这种民歌已经变味了、变质了，不再是纯粹的民歌。笔者认为，民歌转型之后关键的问题是保留其艺术作品的内在精神，只要民歌的内在精神不变，即民族的生命精神不变，传承下去的就是民歌。民歌中孕育着希望和未来，在消费主义盛行的时代，它没有被物质主义所诱惑，也摆脱了物质对灵魂的征服，而且它始终是纯洁的、质朴的。它还可以加深和净化观众的感情，至少使得他们的精神免遭世俗的亵渎，不是为艺术而艺术，而是发自内在生命力的呼唤，是没有物质主义目的性的艺术生产，是在挽救人类的精神危机。一切艺术只有对生活的艺术作出贡献才可以被称为真正的艺术，民歌正因为它的诗意栖居的意义而具有无穷的魅力。经过改造的民歌"过滤了民歌原来负载的内容，保留了其形式或者一部分形式元素，并把这些传统的形式元素重新组合起来，以负载新的社会历史内容，也就是用民歌形式的'旧瓶'来装业已变化的生活内容的'新酒'"❶。

我们从跨民族的、跨国家（transnational）的、跨文化（cross-culture）的新视野来审察民歌的现代发展趋向。民歌在全球化语境中重新建构自己的文化身份，即"从一个地方社会的公民到一个地球村的公民"。在全球化大舞台上，民歌不是与现代发生冲突，而是要走向全球化，以民族本质的东西——民族精神来确定文化身份，获得文化身份的认同，成为多元化格局中的一员。民歌面对的不再是深远的大山、辽阔的黄土高坡，也不是昔日的情哥情妹、父老乡亲，而是说不同语言、穿不同服装、来自不同民族和国家的任何人。民歌的新身份获得认同后，需要培育新的生命形式。

---

❶ 强东红.文化治理与民歌资源——以陕北秧歌剧《米脂婆姨绥德汉》为例[J].马克思主义美学研究，2008（1）：144-155.

四、结语：民歌的最终走向

"这是界定全球化的真正核心：世界文化的标准化；美国的电视，美国的音乐，好莱坞电影，正在取代世界上其他一切东西。现在，这种恐惧确实弥漫在我们后面两个范畴之中。一方面，这明显是经济支配和本地文化工业被美国文化工业取代的后果；同时，这种恐惧更深层的方面在于社会，而文化现在被视为唯一的症候。换言之，这种恐惧是特定种族——民族的生活方式在这种文化标准化的过程中将遭到破坏。"❶经济全球化之风已经侵袭了世界的各个角落，甚至文化的全球化也日益加快，处于经济和政治上弱势地位的民族文化面临文化霸权的威胁。在强势文化的强大冲击中，民族文化更要固守其民族性的、本真性的东西。什么是民歌艺术最有价值的东西？对此德国社会学家西奥多·阿多诺曾经做过具体的说明，他认为"精神"（spirit）是"艺术作品的以太"（ether）。对于民歌来说，想要在五花八门、五光十色的现代社会中求得生存和发展，就要传承民族精神的内核，即民族的生命力、民族的奋斗精神。还需要强调的一点是，民歌不能脱离日常生活，而应时时刻刻与日常生活保持联系。因为民歌"只有融入民众的日常生活……才能更为充分地发挥和调动民众的身体潜能和凝聚能量的巨大作用"❷。

从房龙的精辟论断中可以展望民歌的未来，"我真心相信，一切事物的成长，都有其进化过程。我的进化论与他人不同的一点是，它不像螺旋阶梯那样上升。天下没有这样简单的事。进化像大海的波涛涌起，体积逐渐加大，动量逐渐加大。波涛涌至顶端，化成水花四溅的云雾。然后波涛退向低处，以前的那个程序立即又重复起来。波涛向上隆起，加大力量，达到顶点，但它在碎成水花云雾之前，冲向比刚才所在的更远的地方。人类文明发展的规律，似乎与此类同，它不是时刻站在原地不动，而是时时刻刻拼命向前奔跑"❸。

---

❶ [美]詹姆逊.论全球化的影响[J].王逢振，译.马克思主义与现实，2001：(5).

❷ 强东红.身体性经验的政治维度及学科意义——以民歌《高大人领兵》对"同治回民起义"的表征为例[J].云南大学学报，2016（4）：116-122.

❸ [美]房龙.人类的艺术[M].衣成信，译.北京：中国和平出版社，1997：828-829.

第四节　民歌的发展对社会主义文化建设的积极意义

今天，全球化在社会的各个领域成为一个时髦的话题，经济的全球化成为不可争辩的事实，虽然它未必直接带来文化的全球化，但是文化的全球化已经成为一种可能发展的趋势。文化的全球化这一假设成为可能的话，我们应该如何解决社会发展的特定阶段出现的新的问题和事物的新生矛盾。民歌被置于这一语境之中获得了不同于它原初意义的生产方式和运作机制。民歌是当代文化的一个有机组成部分，在现阶段的发展和革新中可以为社会主义文化的建设提供某些可资借鉴的东西。南宁国际民歌艺术节就是在这种语境中举办的，我们先不讨论它是成功了还是失败了，本节试图以它为例阐释民歌对社会主义文化建设的积极意义。

一、民歌所内蕴的集体主义生产方式成为人类社会发展的积极因素

中国传统民歌是历史悠久的农耕文明生产方式的结晶，是中华民族劳动人民在长期的共同生活中表达情意、交流协作、娱乐放松的艺术形式。在连绵起伏的群山间、广阔无垠的田野里或风景秀丽的小河边，人们往往边劳动边唱歌。唱歌时，往往采取独唱、对唱、合唱、联唱等各种各样的形式，民歌成为人们情感理想的外化。与现代流行歌曲的不同之处在于，民歌重在参与。为数众多的民歌往往是民众集体创作、相互唱和的结果，参与民歌活动的每个人都是民歌的表演者和创造者。参与民歌创作与唱和的过程也就是情感的互动与交流的过程，同时也是民族精神、民族信仰和民族价值观传承的过程。传统民歌的审美体验来源于社会生活和社会生产，因此这种艺术是内容和形式的完美结合。现代歌曲搬进都市、登上舞台，由参与变为表演。表演是单向视觉冲击，在纯粹表演中艺术失去了人类交流思想的有效方式和途径，作品的情感因子和审美元素被功利主义思想冲淡，这也是现代艺术面临的危机。

民歌与群众的生活、生产和社会实际密切地联系在一起，是长期生活积淀的有意味的艺术形式。流行歌曲则远离了这种生命之根，成为一闪而

过的流星，没有重人的停滞。如《大地飞歌》已经在人民中间传唱开来，群众乐于唱，也乐于听，艺术作品具有持久性即它的意味层保留下来。在数字技术、媒体传播、信息爆炸的时代，民歌以粗糙的形式展现了淳朴的情感、民族的力量。

生产力发展革新了生产工具，提高了生产效率，也打破了传统的借由集体合作才能完成生产的局面。随着生产力的提高，现代人生活的节奏也逐渐加快。工业文明带来的机器大生产改变了农耕文明时期所形成的人类情感的纽带，完全打破了这种集体团结的形式。现代社会中的个体处于孤立无助的境地，由此，形成了人与人、人与社会之间的相对孤立，致使现代人完整统一的精神世界碎片化，形成了所谓的异化的人。人们所面对的不再是温情的同类，而是冷冰冰的物的世界。人与人之间的情感关系日益淡漠。人类无法获得有效交流，导致精神世界开始荒芜，情感断裂。人类的情感被放逐在荒漠之中，现代人需要寻回失去的精神家园。民歌保留了集体式生产方式的合理因素，它可以很好地解决当代社会集体主义思想消失、个体意识极度膨胀造成的社会矛盾。民歌以艺术的形式描述了人类期待中的理想生活，记录了即使在物质生活贫乏的条件下，人类依然保留着丰富的精神生活。民歌中所内蕴的对美好生活的追求和向往，使人们永远保持着为幸福未来奋斗的活力。民歌是不同民族在各自生产和生命活动中所形成的文化符号，它连接了历史和现实，并在某种意义上指向未来，融合了传统与现代而焕发出新生的力量。现代民歌经过技术的包装，应该更加突出民族的生命精神，为人类的"诗意生存"建造一所理想的家园。

真正的民歌向一切时代开放，它可以随着时代的变迁不断地变换内容。"艺术意义的联系性正在于它们是心理本体的不断创造和丰富，从而它不是主观的，也不只是经验的，而是具有整体生活的和总体历史的本体性质，对艺术的个人体验是从属于又构造着的本体。……所谓的生命力不只是生物性的原始力量，而是积淀了社会历史的情感，这也是人类心理本体的情感部分。它是'人是值得活着的'的强有力的确证。"[1]以黑为美的黑衣壮的歌舞艺术符合了李泽厚的上述论断，他们依靠民族性和民族精神把整个群体团结起来，保证民族能一直延续下去。他们的生活方式是集体式生活的模型，黑衣壮的族群式生活一直保持着自己的特色，在自然环境极其艰难的

---

[1] 李泽厚.美学三书[M].合肥：安徽文艺出版社，1999：590.

条件下顽强地生存。虽然处于物质生活极度贫困的境地，但他们却展示了人类合理的生活方式的因素，强大的生命力和以黑色为主的浪漫生活，演绎着人类理想生活的神话。现代颓废、破碎的生活方式和浅表的物质欲望更凸显出这类民族艺术的精神和审美韵味。社会主义文化建设积极地吸收借鉴中国传统文化的精粹，把传统的精神融进现代，以达到内容与形式的统一。

民歌是劳动人民在生活中创造的富含审美经验的诗意状态，为现代人展示了一种理想的社会生存模式。"通过研究非工业化社会的文化以及这种文化的思维方式和表征机制，发现原始文化貌似蒙昧的文化表征方式却异常有效地保持着个体与社会、情感体验与历史过程之间的整体性和完整性。因此，对于痛失精神家园和情感支撑的现代人来说，异质文化就成为想象力的——一个具有乌托邦色彩的世界。对于中心文化和主位文化来说，前工业文明是一个具有两面性的镜子，成为历史进步摆脱不掉的'阴影'。"❶民歌的美学思想基础即和谐共生的集体式生活方式为后现代文化困境打通了一条可能的精神通道。

美国当代著名的马克思主义文化批评家詹姆逊（Fredric Jameson，1934）认为，唯一真正的文化"似乎是那些在世界体系中处于社会生活边缘地区的集体经验的产品：黑人文学和黑人民歌，英国工人阶级的摇滚乐、妇女文学，同性恋文学，魁北克的小说，以及第三世界文学。这种产品只有在这些集体生活或集体团结的形式尚未被市场和商品体系完全渗透的情况下才成为可能"❷。詹姆逊认为真正的文化依赖于真正的集体社会，依赖于集体团结的生活方式，而资本主义生产方式打破了所有紧密结合的社会组织结构，文学和艺术创作脱离了群体的实践基础。尤其到了后工业时期，个体的自我意识更加强烈，技术的分工趋向细致。中国虽然还未置身于后现代语境中，但是后现代的浪潮已经席卷了人们的心灵，在最后的危机到来之前，我们要提前找到可以解决问题的办法。

在2018年南宁国际民歌艺术节上倾情演唱的《世界知道》："我家的酒香不香，朋友知道；阿妹的绣球圆不圆，游人知道；三姐的歌儿甜

---

❶ 王杰.审美幻象研究——现代美学导论[M].桂林：广西师范大学出版社，2002：43.
❷ [美]詹姆逊.快感：文化与政治[M].王逢振，等译.北京：中国社会科学出版社，1998：253.

不甜，百灵知道……"向全世界展现了广西的魅力，以及广西人的热情好客。《世界知道》集中体现了民歌节"以歌会友连四海，唱圆世界一个爱"的主题，生长于"歌海"中的壮族人民用清亮的歌声传达出他们的淳朴、真挚和热情好客，向世界展示了民族风情、民族风采和民族艺术的魅力，以甜美的歌声和动人的旋律唤来五湖四海的朋友。南宁唱响友谊之歌，打出了文化品牌"南宁——天下民歌眷恋的地方"，它要走出民族艺术的藩篱，走向世界，走向国际，让世界人民了解南宁，让南宁走向世界。

民歌的审美意识和艺术内涵以及蕴含于其形式之中的集体团结协作的生产方式对处于精神分裂、主体性消失的后现代文化走出困境具有重要的借鉴意义。民歌虽然来自遥远时代里西方人眼中的"他者"，但在现代人精神家园极度荒芜的时代，转而成为在场的存在，有可能改变当代文化的肉欲、物欲追求的形式，走向增加精神含量的轨道。民歌的美学韵味对流行音乐构成强有力的挑战。如2003年东南亚风情夜推出的天琴女子演奏，后来频繁地在南宁城区歌台演出，演员是来自壮族的十三姐妹，她们的音乐如一股清泉缓缓流过，沁人心脾，纯朴自然。天琴演奏无疑是2003年民歌节的亮点。这些表演者都是来自壮乡的民间艺人，她们手抱自制的天琴，脚摇铃铛，边弹边唱，歌声和琴声传达出了壮族人民对美好生活的向往和赞颂以及对壮乡的浓厚感情。在民歌演出中，说不同语言的人也能通过音乐上的共鸣实现交流和互动。与流行歌曲的煽情形成鲜明对比，表面处于主导地位的流行文化却面临着被民族文化削弱的危机。

在工业文明中，由于社会分工的发展，行业之间的界限越来越明显，人们团结协作的生活方式被打破，个体成为一个个独立的原子，从而导致个体和群体之间的内在联系消失了，主体自身的统一也遭到破坏，人成了社会中的一个个碎片，没有了形式和内容的统一，人的精神开始分裂，产生焦虑不安的情绪。以现代人的眼光来审视民歌，认为民歌是粗糙的、未开化的艺术形式，但是它却具有异乎寻常的美学魅力，其中蕴含着丰富的民族文化的凝聚力。民歌是对个体和群体内在世界和精神宝库的开发，当代艺术是对个体外在行为和社会景象的展示。这种描述必然会带来形式与内容的分离。民歌所展示的中国当代文化则要突破这种局限性，把形式和内容统一起来。

在詹姆逊看来，"我们自以为主宰世界的美国人正处在与奴隶主相同的位置上。我们所形成的上层奴隶主的观点是我们认识上的残缺，是把所观物缩减到分裂的主体活动的一堆幻象。这种观点是孤立和缺乏个人经验的，它掌握不住社会整体，像一个没有集体的过去和将来的、濒死的个人躯体。这种没有固定位置的个人和结构主义为我们提供了萨特式的否认事物的奢侈，让我们逃脱了历史的梦魇，但同时也注定我们的文化染上了心理主义和个人主观的'投射'"。❶通过比较分析詹姆逊看到的第三世界文化中的寓言性质，可以看出，它通过讲述个体的故事和感受，反映了这个社会集体的经验和生活过程，传达了集体的思想意识。晚期资本主义社会的文学文本掩饰了真实的生活境遇，给人造成一种虚构的幻象，导致社会内部真正群体经验的缺乏。民歌与现实生活相联系，既是人们日常生活的有机组成部分，直接反映多姿多彩的社会生活，又可以想象性地解决现实所没实现的理想未来，解决现实生活中的矛盾冲突。西方当代艺术脱离了社会和生活成为高高在上的虚设。

民族文化使处于后现代社会的"强者"重新评价自己的冲突文化，第三世界文学中仍然保留着未被当代文化腐蚀的强大生命力，这种文化的生命力是不可被忽略的。第一世界读者对第三世界的文学感到恐惧是因为作品中描写的陌生而可怕的环境，引起了他们的恐慌。一方面来自第三世界的叙事方式具有丰富信息性和对现实的关注；另一方面文字中保留了集体协作的关系。文化的前景是文化自身发展规律和人的主体自觉选择的结果，人类也积极地从比较原始的文化中探寻解决当代文化危机的合理因素。

我们可以借用泰戈尔的一句诗形象地展示民歌的当代意义和审美价值："有一次，我们梦见大家都是不相识的。我们醒了，却知道我们原是相亲相爱的。"泰戈尔描述的梦境正是当代人面临的精神危机的现实，而民歌可以唤醒沉睡的人们，把他们带入相亲相爱的美好生活。陷入孤独、迷茫和焦虑的人们从民歌中发现了有效的审美交流方式。中国文化建设回应了诗歌的梦想，我们处于醒着的状态。伊格尔顿认为文化从其狭义的意义而言意味着艺术和美好的生活。文化作为生活的集体形式可以圆满完成政治任务。异族文化是粗糙的，但却含有合乎情理的美感和审美意识。社会主义的建设是为了最大多数人民的幸福生活，社会主义民族文化的丰富有利于实现这个目标。

---

❶ [美]詹姆逊.晚期资本主义的文化逻辑[M].陈清侨,等译.北京：生活·读书·新知三联书店，1997：545.

二、民歌艺术节促进了社会主义文化、经济和政治活动的多元共生

后现代语境中，文化与经济之间的界限日益模糊并且逐渐融合，文化经济化、经济文化化。技术和资金的支持对于文化的发展起着越来越重要的作用，文化的宣传为经济打开了多种发展渠道。当今的世界不再是以经济实力作为衡量国家发展水平的唯一标准。亨廷顿认为文化现在已成为经济发展的议题。而丹尼尔·帕特里克做了更果断的判断：是文化而不是政治决定着一个社会的成功。我们在加强经济建设的同时，也发展社会主义文化，社会主义文化已成为社会主义事业的有机组成部分。

"关于社会主义的文化，特别是社会主义的文学艺术，维护和促进社会主义经济基础的发展是它最基本的要求。"[1]社会主义文化建设的经济基础是社会主义生产资料公有制，生产资料为文化的发展提供了物质保障，文化要为经济的发展提供精神动力。在全球化语境中，民族艺术的发展具有了前所未有的新视野，人们可以从跨国的、跨文化的和跨民族的角度重新审视本民族的文化。这种观点必然会导致对民族文化传统的重新界定，有利于中国当代文化的建设，对于中华民族来说就是建设有中国特色的社会主义文化事业。民歌艺术节的商业操作模式探索出了一条经济与文化联合的道路。在文化和经济界限逐渐消融的后现代社会，社会主义文化建设要避免重蹈覆辙，防止文化成为经济发展的附庸。

衡量文化的标准绝不是依据经济的尺度，在当代受到流行文化猛烈冲击的传统艺术依然保留着不可忽略的精神价值和社会意义。丰富多样的民族艺术是当代文化繁荣和发展所不可缺少的有机养料。然而，传统文化在各种现代和后现代思潮的冲击下面临着消亡的危机，如何有效地保护在商业大潮中不具有市场竞争力的传统艺术，成为我国当前文化建设的一个重要和必要课题。其中，政府的调控和主导作用显得日益重要，政府应该发挥积极的协调功能，采取各种措施，实施扶持政策。南宁市政府为民歌艺术节的顺利举办"开绿灯"，积极组织和支持办节活动。文化工作者们深入边远地区和少数民族居住地收集原生态的民歌，经过整理编辑后在民歌艺术节上表演。近年发掘的马山"三声部"演唱是首次在中国发现的多声部

---

[1] 王杰.审美幻象与审美人类学[M].桂林：广西师范大学出版社，2002：5.

音乐。除了政策上的支持，政府还出资把民族艺术"远销"到重洋，黑衣壮到美国演出展示了中华民族艺术的巨大魅力。民族艺术还可以运用流行和卖点的盈利来弥补传统文化的亏损，南宁国际民歌艺术节聘请国外歌唱家、港台当红歌星、流行乐坛艺人，发挥明星效用，提高票价使民歌节能自负盈亏，有资金年年举办下去。同时每年还推出新的民歌亮点。

要防止文化成为政治的传声筒，要以文化自身运作规律来平衡，而不是政府强制干预。我们还要防止文化被绑在经济的"战车"上，成为商业原则的代言人。

三、民歌节是把中华优秀文化成果推向国际的有效途径

文化的全球化包括输入和输出双向选择，因此，我们不仅吸收其他文化的积极成分，还要主动地把社会主义精神文明成果推向世界。在后现代文化风靡之际，我们应该为世界文化舞台献上什么样的视听盛宴？

我们把具有民族特色的文化推向国际，使世界认识中国，了解中国文化。民歌富含民族精神即民族的生命力和对美好生活的向往，可以最集中地体现民族文化的特色。因此，民歌节需要发掘民族本质的东西，而被媒体炒作的民歌日渐失去本身的特色。外面的人是奔着真正的民歌来到广西、来到南宁，要亲身体会民族艺术的美妙。当地人却试图以当红歌星来吸引世界的眼光，这之间存在一个巨大的审美期待视野的落差。中华民族在历史发展长河中积淀了丰富的艺术财富，我们在"拿来"的同时不要忽略了自己更有价值的东西，犯"外来和尚会念经"的谬误，主动把优秀的民族艺术"摒弃"。南宁国际民歌艺术节上推出的歌曲《山歌年年唱春光》，由黑衣壮组合演唱，他们还到美国演出并引起了强烈的反响。中国的电影逐渐打入国际市场，如张艺谋的《大红灯笼高高挂》《英雄》在国际上斩获大奖，王杰把这种美学风格概括为"东方情调"。虽然关于这个问题还存在争议，但这也是中国艺术走出国门的尝试。

我们需要把古典文化的神韵与现代文化所潜藏的革命力量联合起来建设社会主义文化事业。大众文化的启蒙和批判作用被蒙蔽和消解，流行和时尚主宰了文化的方向。但是大众化的过程是一个民主化的过程，即精英文化主导地位削弱，大众文化普及的过程。鲁迅所说的庙堂文学和山林文学，毛泽东所说的阳春白雪和下里巴人，在审美领域里曾被精英所蔑视的山林文学和下里巴人重新浮出水面。民间文化重现了它的独特魅力，即民族生生不息的生命力、民族的奋斗精神和顽强意志。

社会主义文化一方面要把革命精神传统继承下来，借鉴传统文化的优势，另一方面又要把当代文化的合理成分吸收进来，把过去、现实和未来联系起来。中国的美学实践打通了另一条通道，超越主体精神分裂的阶段，实现人的完整性和合理性存在的审美理想，由乌托邦似的愿望转化为有效的实践成果。中国当代文化是从农耕文明和殖民话语土壤中成长出来的，从诞生之日起就具有着审美启蒙、思想解放、政治斗争及争取解放的多重功能，在不同的舞台上扮演着不同的角色。

现阶段在中国的某些农业生产中，依然存在着前现代现象，如边远山区的传统农耕生产方式。中国是以农业为主的国家，传统的农民还未转变成农场工人，所以，中国是现代社会而非后现代社会。然而，一些大都市与国际接轨较早，已经大踏步迈进后现代社会。因此，中国处在一个多元共生的混合时代，前现代、现代和后现代共同主宰着社会的发展方向。社会主义的经济基础是以生产资料公有制为主导，多种所有制并存。文化作为社会上层建筑的一个分支，也必然是多元的、各种矛盾相互交织在一起的。发展社会主义的文学艺术要实行百花齐放、百家争鸣的开放方针。

国家之间的矛盾冲突和激烈竞争很少以武装冲突的形式表现出来，而多以经济作为竞争的焦点，国家的经济实力和综合国力成为其在世界所占地位的衡量标准。经济的强盛加剧了文化的盛行，如肯德基、麦当劳、西部牛仔和好莱坞电影等冲击了其他国家的民族产业，又占领了人们的消费意识领域。文化建设的作用在全球化背景中更加突出。

我们在融合传统与现代的精华时要建设面向现代化、面向世界、面向未来的有中国特色的社会主义文化，使其具有民族精神。

第五节　花馍艺术研究的开拓与深化

花馍是在饮食文化的基础上，融合了民间绘画、雕塑和剪纸等不同艺术门类的特色，经过民间艺术家或普通群众匠心独具的加工而成的一种色彩绚丽多姿、造型生动别致、工艺精巧细腻和民俗气息浓郁的艺术精品。因其历史悠久、源远流长，并与广大民众的日常生活、情感表达和审美趣味密切相关，富有丰富的审美魅力、浓厚的民俗风情，具有重要的文化价值，而被誉为"中国绘画艺术的活化石""研究民俗文化的活化石""民间艺术的一朵奇葩"。尤其是近年来,全球化背景下民俗民间文化的复苏更是引发了社会各界人士对花馍艺术的重视。越来越多的人对其产生了浓厚的兴趣,展开了深入的研究,并取得了较为丰硕和可喜的成果。但是,这并不是说已经解决了所有的问题,尤其是在变动着的社会语境中,花馍呈现出各种不同于以往的文化形态,所以,我们的研究也不应该就此止步。本节将对当前学术界有关国内外花馍艺术的研究现状进行述评,并在此基础上探索研究关于花馍艺术的新的增长点,开拓新的研究空间,以推动其在学术研究领域的进一步发展。

一、田野调研与资料收集、整理

花馍作为一种面食文化,必然受其本身自然属性的巨大限制。由于面制品易发霉、褪色、皲裂、变形或腐烂,所以花馍的保存周期短;同时,制作花馍对于和面的软硬、面团发酵时间长短、碱用量多寡、醒面温度高低和蒸制火候大小等极其严格,人们很难或者不可能人为地创造完全相同的制作条件;民间艺术家或者普通民众在制作花馍时并没有提前规划好图样,往往是即兴设计、临场发挥。所以,花馍艺术品往往是独一无二、不可复制和模仿的,即使同一个人在不同时期蒸制的花馍都是形态各异的。

因此,深入民间实地考察,从事田野深度调研,拍摄、录制、收集、整理、保存有关花馍艺术的图片和音像资料,成为从事花馍研究不可或缺的工作。赵农教授在为张潇娟的《渭南面花》写的总序中提出:"从我们对民间艺术的保护来看,怎么样发掘和保护资源,至少是先把它保存起来,至少应该先是纸上谈兵,先在文化的表述中把它论述清楚,然后再推广到实践。"[1]对于花馍艺术的田野调查活动恰恰是赵农所说的"纸上谈兵"的阶段,有了"纸上谈兵"的材料积累,将花馍艺术在各种纸质或电子媒介中完好无损地保存下来,或借助于文字描述详细地记录下来,是从事花馍艺术研究的基础和前提,也就是巧妇手中的"米"。在这方面,我们已经做了不少的工作。学者们凭借对学术事业的坚定信念,对民间文艺浓厚的热情,亲自参加、观看、参与民间艺人制作花馍的过程,参加各种祭祀节庆活动,拍摄有关花馍的图片和录像,并精心编纂成文集。目前,笔者所收集到国

---

[1] 张潇娟.渭南面花[M].西安:陕西人民美术出版社,2008:10.

内关于花馍艺术普查和编写的专著有《黄河万里寻面花》《关中面花》《绝活儿：合阳面花》《中国民间工艺全集：民间面花》《高平民间面塑》《晋城民间面塑》《中国民间美术鉴赏：民间面花》《山西民间礼馍艺术》❶共8部。

2005年，曹振峰出版的《黄河万里寻面花》是其中成就最高、最具有代表性和参考价值的著作。在没有任何经费的情况下，曹先生凭着自己对学术的执着和对民俗艺术的热爱，考察并记录了黄河沿线各省的花馍艺术。从1988年12月到1995年5月的6年间，他"从黄河的中下游起步，东赴黄河入海的莱州湾，西溯青海的黄河源"❷，沿着黄河两岸走过了8个省区，几乎走完了黄河的全程，重点考察了40多个市县农村的花馍艺术，拜访了数百位民间面塑艺术家，拍摄了千余张图片，撰写了10万字的调查报告。作者从中选取了具有代表性和典型性的图片和重要的调查资料编写成《黄河万里寻面花》，全书七章，从婚姻习俗、生育习俗、寿丧习俗、祭祀习俗、节日习俗、民族习俗和其他习俗来探讨花馍艺术，记录了山东、山西、陕西、河北、河南、青海、甘肃和内蒙古等省区千姿百态、异彩纷呈、变化万千的花馍艺术。书中的图片除了极个别的之外，其他均是作者在走访、考察花馍艺术活动中亲自拍摄的。同时，这些照片配以具体生动、详细完整的文字描述和说明，全面地记录了花馍艺术的产地、名字、来源、所蕴含的意义和具有的民俗价值。

对于关中花馍艺术资料集中收集整理的典范作品还有沈宇的画册《关中面花》。作者花了20年时间，不辞辛劳、不知疲倦地走遍了关中大地，拍摄了在结婚、满月等重要时刻，以及端午、七夕和中秋等节日和祭祀等活动中，流行于民间的五彩缤纷、形态万千的花馍图片。全书共记录了婚花、满月花、年花和麦黄花等17种类型的花馍，每一部分首先介绍花馍制

---

❶ 曹振峰.黄河万里寻面花[M].长沙：湖南美术出版社，2005.
沈宇.关中面花[M].西安：西北大学出版社，2008.
左汉中.绝活儿：合阳面花[M].长沙：湖南美术出版社，1999.
王江，段改芳.中国民间工艺全集：民间面花[M].北京：中国轻工业出版社，2008.
安新鲜.高平民间面塑[M].北京：北京工艺美术出版社，2011.
安新鲜.晋城民间面塑[M].北京：北京工艺美术出版社，2010.
鲁汉.中国民间美术鉴赏：民间面花[M].南昌：江西美术出版社，2006.
张青.山西民间礼馍艺术[M].哈尔滨：黑龙江美术出版社，1999.
❷ 曹振峰.黄河万里寻面花[M].长沙：湖南美术出版社，2005：295.

作的时日、描述花馍的艺术特征和蕴含的文化意义，然后展示同一类型面花的不同造型。这些丰富多样的图片给关中花馍艺术的研究提供了弥足珍贵的文献资料。左汉中主编的《绝活儿：合阳面花》则是对于关中渭南市合阳县的花馍的集中研究，突出了花馍的地域特色。因此，书中详细地考察了合阳的地理气候对于本地花馍产生的影响；展示了婚嫁、做寿、祭祀、上梁和走亲戚活动中精美绝伦的花馍图片；以系列图片的形式记录了具有代表性的花馍的制作过程。这部画册为研究具有独特地方性和区域性的花馍艺术提供了专业性的资料。

王江、段改芳的《中国民间工艺全集：民间面花》，以地区为分类依据，记录了陕西、山西、河北、河南和山东5省的面花，其中，每个省都选取1~4个具有代表性的面花，并对这些地方性的面花作了细致的解析。比如陕西面花分为合阳面花、华县面花、大荔面花和韩城面花。书中关于花馍的图案丰富全面，配以简洁精练的文字说明，并且一种名称的花馍往往配以几种不同造型特色的花馍图片，比如贴花馄饨就有14种不同款式的花馍，这种撰写方式更生动、具体、真实地表现了花馍艺术造型多样、千姿百态的特点。这种种类繁多、内容翔实的资料对于从事花馍艺术造型研究实属珍贵。

对于花馍研究具有重要价值的还有安新鲜的两部专著《高平民间面塑》和《晋城民间面塑》，分属于"高平非物质文化遗产保护丛书"和"晋城市非物质文化遗产保护丛书"成果之一。本书作者经过30多年广泛地调研、收集、整理、研究、编纂而成的。书中争奇斗艳、万紫千红、美轮美奂的花馍图片，集中展示了高平和晋城普通人民群众在岁时节令、婚丧嫁娶和满月做寿等民俗活动中所创作的姿态万千的艺术精品。这些花馍艺术品内容丰富、题材广泛、种类繁多，其中有些实属稀有珍贵、罕见奇特的民间杰作。比如《高平民间面塑》中春节面塑一节，作者收集了十二生肖的全部花馍，而且，同一生肖的花馍还展示了3~5幅富有代表性的图片。这种编写方式在花馍艺术研究中是独一无二的。由此可以看出，作者在收集、整理、选材和立意等方面颇费了一番功夫。张青的《山西民间礼馍艺术》通过图片的形式记录了以动物、花卉和人物等为主题的130种山西礼馍，这些灿烂多姿的礼馍在满月、周岁、成年礼、婚礼、寿礼、葬礼和各种节日中发挥着重要的作用，其中蕴藏着浓厚的风土人情，为研究民俗民间文化提供了重要的资料。关中地域之外花馍艺术研究资料成为从事关中花馍艺术研究的"他山之石",可以为其研究的拓展提供借鉴。

以上这些著作的特色在于:①它们的完成都是建立在作者亲自从事田野调查、进行民间艺术考察的基础上。因为这些保存较好的民间艺术和民俗风情往往是在地理位置较为偏远、经济落后、条件艰苦的农村,调研者需要付出艰辛的劳动,所以如果没有对民间艺术和学术事业的坚定信念是难以完成的。②书中的照片清晰度高、色彩鲜艳,这需要相当专业的拍摄技术;无论是书籍的印刷装帧还是画面质量都较为考究,铜板彩色纸,颜色明亮鲜艳,给人带来良好的视觉体验。③书中突出展示了具体历史语境和民俗活动中,北方各地琳琅满目、多姿多彩的花馍图片,使得这种单纯、简洁,甚至有些土气的花馍艺术在光怪陆离的现代艺术中显得异常淳朴。总之,基于田野调查的花馍艺术的普查和汇编的丰富的文献资料,为花馍艺术的保存作出了重要的贡献,也为后来的研究者提供了极其宝贵的资料;而且这些实物资料的拍摄、收集、整理、分类、记录和描述本身就是具有一定研究意义的。但是,对花馍艺术的探讨绝不应局限于这些文献资料,而是应该以此为基础,进行深度的田野调查,对其进行理论上的挖掘和学术上的探讨。

二、花馍艺术初步的理论研究和学术探讨

扎实的田野调查基础、丰富的调研成果是从事学术研究并保证理论观点正确性与深刻性的前提。而理论研究和学术探讨则是对田野调查和资料收集的升华。目前,国内有关花馍艺术初步的理论研究和学术探讨的成果,有专著2部❶,期刊1本,以"花馍""面花""面塑""礼馍"为关键词检索到硕士论文15篇,学术论文约70篇。这些论文多角度、多侧面或宏观或微观地研究了花馍的艺术特色、文化价值及其起源与现代传播等重要问题。

(一)花馍的艺术特色和文化价值

"关中非物质文化遗产保护研究丛书"之《渭南面花》,由张潇娟著,是一部关于关中花馍艺术研究的专著。此书介绍了渭南花馍得以产生和成长

---

❶ 张潇娟.渭南面花[M].西安:陕西人民美术出版社,2008.
宫楚涵.面塑:诞生于餐桌的艺术[M].合肥:黄山书社,2016.

的自然环境和文化氛围;介绍了一个人从出生、成长、成家、新婚、过寿到死亡生命中全部重要时刻的花馍艺术的民俗意义和文化价值;还谈到了花馍的制作、代表性作品以及渭南花馍的现状和未来发展。这是一部力图以学术研究为导向的著作,其思路较为清晰,逻辑性较强。其中最具有价值的是西安美术学院赵农教授为丛书写的总序,他对非物质文化遗产的特性、价值和现代意义具有独特的见解和精辟的论述,这对于花馍艺术的研究具有重要的理论指导意义。刘思莹等人的硕士论文从造型题材、色彩语言和工艺技巧等角度对花馍的艺术特色进行了细致的分析和研究,并以此为基础,探讨了其在不同民俗活动中所传达的民族精神和发挥的文化功能。

(二)花馍艺术的起源和传播

王晓彤的硕士论文《关中面花的文化意蕴及其传播》探讨了关中花馍艺术的起源、礼俗分类及功能演变,较为深入地探究了关中面花的传播方式,即以人际传播为主、大众传播为辅,传统的花馍传播方式往往是熟人之间口耳相传,其传播的路径以村落为中心,向四周的临近区域扩散。随着大众传播媒介的发展,花馍传播的方式更加多样化,如电视、报纸、微信公众号等,这种传播方式可以更便捷、更快速地将与花馍有关的信息传送到世界各地。文中提出的四种传播方式较为全面地探讨了花馍艺术在发展中应该遵循的路径,对于花馍艺术在社会中的传播会产生重要影响。张荣华、豆小琴的论文《基于传播学视角的非物质文化流变及其启示——以"花馍"为例》从传播学的角度解读了花馍在遭遇现代审美和诉求时传播方向的偏向问题。

在花馍艺术的推广与传播研究领域,《印象中国》系列之《面塑:诞生于餐桌的艺术》[1]是一部独具特色的著作。此书以中英文对照的形式具体地记录、描绘和介绍了中国面塑艺术,并配以相应的五彩缤纷的花馍艺术图片。书中详细地介绍了自汉代以来中国面塑发展的历史,其中还讲述了与面塑相关的历史故事和传说,使花馍艺术蒙上一层神秘色彩,这种研究更加丰富多元、立体感强、意趣盎然。此书的突出价值在于不仅传播了花馍艺术,而且将其推向世界,向世界人民介绍富有中国特色的民间艺术作品及其所承载的特定的中国历史文化、价值观念和审美观,堪称花馍艺术传

---

[1] 官楚涵.面塑:诞生于餐桌的艺术[M].合肥:黄山书社,2016.

播的典范之作。这些资料为花馍艺术现代发展和传承的研究奠定了较为扎实的理论基础，为花馍在现代社会的延续提供了理论依据。

中国知网所收集的硕士论文和学术论文还涉及花馍艺术的保护、发展与创新，如太原理工大学安昊帅的论文《代县花馍艺术的传承与创新研究》，在对代县花馍艺术发展现状进行细致调研的基础上，提出了整体性保护与可持续性发展的理念。有的论文研究角度较为新颖独特，如重庆师范大学姜湧的《"山西花馍"作为地方美术课程资源开发的研究》和广西师范大学刘怡坤的《晋南花馍对儿童的教育价值研究——以勃香村为个案》，从教育理论的新视角探讨了花馍艺术的现代价值和意义。

以上研究成果大都是在美术学或民俗学视阈中对于花馍艺术的初步的学术探讨，具有描述性、记录性和说明性的特点，由此形成了通俗易懂的行文风格，易于被广大读者所接受和理解，在花馍艺术的传播方面起到积极的作用。

（三）花馍保护与发展的有效模式

在全球经济一体化和文化同质化浪潮的猛烈冲击下，具有乡土气息、地域特色和民族精神的花馍面临着发展的重重危机。如何突破当前的瓶颈，保护和发展花馍，成为当前学术界有志之士和民俗文化爱好者探讨的问题。不同的学者从各自的专业视域对此问题做了深入的研究，为花馍的传承和延续提供了不同的解决方案。陈丽伶等的论文《陕西面花民间乡土文化的传承及延伸》，将面花文化与现代设计结合，把民间传统艺术艳丽多姿的色彩、夸张变形的图案作为可借鉴的元素融入平面设计、家居用品设计、服装饰物设计中，使本土文化成为现代设计的灵感源泉，使面花所具有的精神内涵传承下来。盛维娜的论文《渭南面花艺术的数字化创新与理论研究》则是探讨如何利用数字技术、多媒体影像技术以及虚拟现实技术等先进的技术，传承其特有的精神和文化。其实，所有关于花馍艺术的研究文章都有利于花馍艺术的保护和发展。

（四）对于作为中国传统文化资源有机组成部分的花馍艺术研究

国内致力于民俗学、人类学或艺术学研究的部分知名学者会从宏观角度来审视花馍，将其作为不同学科理论研究的个案或者传统文化资源保护与开发研究工作中不可或缺的有机组成部分。

这些关于花馍艺术的研究成果散见于研究者的专著或者论文中。如日本爱知大学周星教授的《本土常识的意味：人类学视野中的民俗研究》中的《陕西韩城市党家村的花馍、礼馍及蒸食往来》，详尽地对党家村的花馍艺术做了田野考察，从文化人类学和民俗学的视角对其进行了学术性的研究，挖掘出质朴、"俗气"的花馍艺术中的"门道、分寸、规矩和美感"，在地方文化常识中解读出"蒸食往来"的新意。中国艺术研究院艺术人类研究所的方李莉在艺术人类学研究领域取得了丰硕成果，形成了富有洞见的理论体系。她的"西部人文资源研究丛书"之《西行风土记——陕西民间艺术田野笔记》是对西北地区人文资源的田野考察的全面梳理。在采访考察中，作者记录了在各种风俗活动、节日庆典中的花馍，如洛川春节面花、安塞新婚面花等。在方李莉的研究视阈中，民族文化遗产"正成为一种人文资源，被用来建构和产生在全球一体化语境中的民族政治和民族文化的主体意识，同时也被活用成当地的文化和经济的新的建构方式，不仅重新模塑了当地文化，而且还成为当地新的经济增长点"❶。并且，她认为地方文化复兴的基础正是它能够满足当代人的心理需求和审美需求。这种学术思路为花馍艺术资源的开发提供了重要的理论导向。唐家路的《民间艺术的文化生态论》以田野调研为基础，对民间艺术的生态环境进行了系统的研究，试图解决民间文化可持续发展的问题。花馍是其民间文化研究的个案，其中记载了山东即墨"祭海"花馍、山东莱州盖房上梁"圣虫"、山东平度面灯、山东冠县面老虎、陕北面花、山东牟平小圣虫等。唐家路认为作为民间文化的花馍艺术应与人民群众的日常生产和生活方式密切联系，人们应把其看作一种生活化的艺术，其"审美功能并未从生活功能等其他功能当中分离出来"❷。

这些学者站在不同的立场，运用不同的理论方法，得出了不同的结论，形成了不同的学术观点。他们精辟的阐释、深刻的评论和独到的见解，揭示了花馍艺术的审美价值和文化功能；同时，将花馍艺术置于赖以成长的民俗文化的广阔背景中，将其作为民众生活这个有机整体的一部分，通过

---

❶ 方李莉.西行风土记——陕西民间艺术田野笔记[M].北京：学苑出版社，2010：3.
❷ 唐家路.民间艺术的文化生态论[M].北京：清华大学出版社，2006：86.

跳出"庐山"辨识"庐山真面目"的视角，更宏观、全面、立体、多元地对花馍艺术进行研究。这种研究思路更开阔、视野更高远，可以全方位地研究花馍艺术在过去、现在和未来的价值和意义。

三、实践和理论上的拓展方向

综合以上材料可以看到，国内学术界对于花馍艺术的研究积累了较为丰富的实践经验和文献资料，取得了富有创造性的研究成果，奠定了扎实可靠的研究基础，为后来研究者从事研究提供了不可缺少的参照和具有价值的理论资源。但是，从研究资料的类别来看，专著数量甚少，这说明现有的理论研究还比较薄弱和滞后，还未系统地、深入地、充分地从学术的角度展开对花馍艺术的研究；从研究资料的内容来看，还存在一定的盲区和不足，比如，鲜有对于花馍艺术发展的历史脉络和流变的研究，缺少其在社会历史发展变化中所产生的文化价值变迁的研究；从研究方法的角度来看，从马克思主义艺术理论角度对其进行研究在学术界还是一片空白。所以，我们还应该进一步开拓、深化和完善花馍的研究工作，在实践方面进一步深入地展开田野调查，在理论研究方面寻求新的增长点。

（一）田野调查的拓展与深化

前文所列举的资料全部来自地域偏远或者未被城市化的农村，这些调研成果突出了花馍艺术原生地的重要性，而且采集的都是原汁原味的花馍艺术，是真正的民间艺术的代表。但是，随着民俗民间文化的复兴和现代传播技术的发展，花馍艺术的生存空间和传播方式都在不断地扩展和更新。所以，从事花馍艺术田野调查工作的范围也应该随之进一步拓展，从农村乡土社会扩大到城市博物馆、展览馆、艺术馆及各地的民俗馆和旅游景点；从实体空间扩大到微信公众号等网络信息传播空间。这些从乡村迁移到都市，从实体空间转移到虚拟空间的花馍艺术，其身份和意义都发生了重要变化，从具有神圣性和象征性的符码变成了仅供欣赏的艺术展品，对其文化价值的变迁进行研究具有重要意义。

在拓展花馍艺术广度的同时，也要加深花馍艺术田野调研的深度。就目前的田野调查成果来看，研究者进行了全方位的调查工作，但是，其中缺乏对调查地域和对象较长期的、持续的记录。随着生产力的飞速发展，传统的乡土社会价值观变化很快，生长于其土壤中的民间艺术也发生了很大的变化。因此，在田野调查中，应该注重追踪调查，定期进行回访。

（二）提高研究的理论水平

在大工业生产和机械复制时代，文本的创作形成了模仿、复制、粘贴、拼凑和戏拟的艺术手法，由此消解了艺术中创作主体的独特风格，并导致内在情感模式和历史纵深感的消失。艺术作品风格的单一化、流行化和模式化倾向越来越严重。在这种语境中，具有独一无二性、不可机械复制、纯手工制作的花馍艺术呈现出异样的审美魅力和艺术价值。所以保护和发展花馍艺术，对其进行深入的学术研究极为重要。根据目前国内的研究状况来看，无论是政府部门、学者还是民间艺人甚至普通民众，无论是艺术学界、民俗学界还是考古学界和美学界，在花馍艺术的研究方面都做了积极的努力，积累了较为丰富的经验，取得了较为丰硕的成果。这些成果非常重要，为进一步研究奠定了扎实的基础。但是，严谨地说，这些研究尚未真正地从学术研究角度进行理论总结。如何在马克思主义艺术理论的基础之上，广泛地借鉴艺术学、人类学、民俗学、文艺学、心理学、历史学、美学、社会学和符号学等的研究方法，博采众长，从一个更广阔的理论视角来对其进行全面的、整体性的研究，在学术上进行跨学科、交叉学科的研究，以解决当前花馍艺术研究中尚未完全解答的难题，尚未有答案。花馍艺术独特的审美价值是什么？现代语境中的花馍艺术和传统的花馍艺术相较于人们的审美趣味发生了怎样的变化？如何将花馍艺术的观赏性、实用性和精神性有机地结合起来？在全球化浪潮的冲击下，花馍艺术作为一种古老的民间艺术，如何得到更有效的保护？如何融进时代的新内容，转型为具有现实意义的当代艺术，发挥花馍艺术在美丽乡村文化建设中的作用？这些也有待解答。

第六节 花馍艺术的保护与发展

花馍的制作融合了民间绘画和造型艺术的特色，是饮食与艺术的完美结合，因其色彩绚丽、造型生动、制作精巧和民俗气息浓郁而成为一种特色鲜明的民间艺术精品。随着时代的发展，外来文化对花馍艺术造成了极大的冲击。人们的态度、价值观念的转变与花馍艺人和近代社会的转型等，使花馍艺术已不如从前那样受推崇，并逐渐淡出了人们的视线。为了使花馍艺术能够传承下去，我们必须采取措施对其进行保护。

一、保护花馍艺术的理由

第一，经济全球化带来了文化全球化，这使文化的多样性和地方性渐渐消失。过去的农村交通不便，逢年过节人们就会捏花馍，以庆祝节日，祭祀天地神灵，祈求家人朋友幸福安康。但是，随着经济和科技的快速发展以及城市化进程的加快，人们渐渐搬出了农村，走进城镇，不断接触外面的新鲜事物，并被它们所吸引。而那些留在农村的人们，虽然依旧热爱着传统文化，但还是受到了不小的影响。如今花馍艺术逐渐衰落，会这门技术的人越来越少，了解这门艺术的人也越来越少。现在我们喝着饮料，吃着巧克力，很少有人会去吃俗气的花馍。文化的地方性和多样性正在消失。媒体将外来文化带到人们的生活中，地域文化受到冲击。陈莉的《非物质文化遗产的保护与开发利用》一文说道："传媒明星的生活成为人们模仿的对象，广告将流光溢彩的城市生活呈现在人们眼前，成为人们的生活指南，在这种情况下，故乡的生活方式就显得土气和落伍，于是人们毫不犹豫地选择时尚的生活方式，选择时尚的文艺节目和入时的穿着打扮，甚至尽快抛弃地方文化融入时尚文化之中。在电子传媒时代，文化的多样性和地方色彩离我们的生活越来越遥远。在这样的时代背景下，呼吁和倡导文化的多样性和地域性就成为迫在眉睫的事情。"[1]不管外来文化有多好，传统文化才是我们的本原文化，是必须坚守的文化。

第二，花馍艺术这一民俗文化逐渐消失在人们的视野中。在过去的农村，每当到了重要的节日，人们就会捏花馍庆祝。如"婚花"，在陕西农村，婚花是出嫁女儿、迎娶新娘的珍贵礼品。沈宇的《花馍艺术》提道："婚礼花馍多为龙凤呈祥花馄饨、老虎花馍、高馍盘、大谷卷、双喜馄饨、凤凰戏牡丹、鱼儿戏莲、莲里生子、狮子娃娃等形态。礼馍上插花美观亮丽，趣味浓郁，各种生动的花、鸟、鱼、虫千姿百态，还有情趣盎然的喜鹊闹梅、蜜蜂采菊和栩栩如生的十二生肖等小花馍造型，演绎着生命衍生的图

---

[1] 陈莉.非物质文化遗产的保护与开发利用[J].贵州民族研究，2007（2）：97-101.

腾。"❶现在的年轻人追赶时代潮流，追求浪漫，更钟情于西式婚礼，"婚花"就显得格格不入，上不了台面。有些注重传统的家庭，还会在婚礼上准备"婚花"，但大部分也只是走个形式，不够精致。随着生活水平的提高，人们不仅不愿做花馍，有些人家甚至都不做馒头了。现在花馍开始变得市场化，人们更愿意到商店去购买成品，而不是费时费力地亲手做。总之，随着生活环境的改变，花馍艺术在我们的生活中趋于消失。为了给我们的后人留下珍贵的文化财富，我们必须好好地保护并加以珍惜花馍艺术。

二、花馍艺术的保护模式

廖育群主编的《传统手工技艺的保护和可持续发展》中提道："华觉明先生在《传统手工技艺保护、传承和振兴的探讨》一文中提出，手工技艺可以分别采取资料性保护、记忆性保护、政策性保护、扶持性保护和维护性保护这五种形式。"❷本节主要讲述对花馍艺术资料性、维护性、政策性和扶持性的保护模式。

第一，对花馍艺术的资料性保护。为了防止花馍艺术的消亡，必须采取措施加以保护。我们可以通过系统地整理文献资料和调查报告，用摄像、录音和摄影等方式将花馍的传统造型技法、造型语言、造型特点以及它所包含的意义整理记录下来，来留存研究花馍艺术的资料。除了文字和图片收藏，还可采用实物收藏。实物收藏具有真实性和客观性，对于传统手工技艺的保护是非常重要的。但是，花馍艺术与其他手工技艺的不同点就在于它的可食用性，这决定着它无法长期保存，哪怕是经过脱水处理也只能保存一年，很难进行实物收藏。我国曾在新疆挖掘出唐时的花式点心实物，具有收藏的价值与意义，但是时间久远，当时的技术不够发达，保存得不够完美。如今技术较之以前有了很大的进步，可通过科技将花馍的保存时间延长。也可建立花馍艺术博物馆，以保护花馍艺术，如湖州市湖笔博物馆，这对湖笔的保护起到很大的作用。花馍艺术是陕西的瑰宝，相关机构应考虑建立一个花馍艺术专题的博物馆，帮助人们了解这门艺术，从而更好地保护花馍艺术，使花馍艺术得以传承下去。

---

❶ 沈宇.花馍艺术[M].西安：西北大学出版社，2008：7.
❷ 廖育群，华觉明.传统手工技艺的保护和可持续发展[M].郑州：大象出版社，2009：162.

第二，对花馍艺术的维护性保护。现在的农村已经很少有人会做花馍了，大部分人会去商店购买，而商店里的那些包装精美的花馍，绝大部分是机器加工制成的。用机器制作花馍省时省力，但手工制作花馍具有很高的人文价值和观赏价值，这是不可替代的。随着外来文化的流行，人们对花馍的需求逐渐下降，花馍也逐渐从我们的视线里消失，我们无法强迫人们去制作花馍、食用花馍，但也不能放任花馍就这样消失在我们的生活中。当地政府可以以展示的形式进行保护，如在咸阳举办的中国第一届民间花馍艺术节，展示了全国 400 多种花馍，使更多的人了解花馍的美，而花馍艺人也可进行交流学习，这对花馍的保护起到很大的作用。花馍艺术这一传统技艺是先民智慧和创造力的产物，具有重要的价值，不可任其自生自灭。可开展旅游事业，让游客到农村参观游玩，由花馍艺人向游客介绍花馍并演示技艺，也可让游人自己动手制作花馍，发现其中的乐趣，发现花馍的美，将花馍艺术文化传扬出去。这种展示具有技艺保护和文化普及的功能，可将花馍艺术呈现给更多的人。但是值得注意的是，展示并不是真正的目的，真正的目的是保护，而不是追求经济效益，要把握好一个度。

第三，对花馍艺术的政策性保护。传统手工技艺具有很强的生命力，在外来文化和现代化建设的强烈冲击下，花馍艺术的传承虽然遇到了许多困难，但仍具有很大的发展空间。对于像花馍艺术这种具有潜力，且发展前景广阔的项目，可有针对性地采取相应的措施，使其健康发展。

现如今，花馍铺子的数量在不断增加，但规模都比较小，一般是家庭小作坊，政府可采取鼓励政策让其注册商标，建立品牌；为防止恶性竞争，可以法律、法规加以约束；还可采取减免税收等措施使花馍艺术在市场经济条件下能够正常发展并具备一定的竞争力。在市场经济条件下，为了提高经济效益，可以使用现代技术，但不能完全替代，花馍艺术是传统手工技艺，机器再先进也无法捏出花馍艺术的韵味，因此要确保花馍艺术这一传统手工技艺能够得到传承而不可完全依赖现代技术。

第四，对花馍艺术的扶持性保护。像花馍艺术这种具有重要历史价值和丰富文化内涵的传统手工技艺虽然拥有市场，但是由于花馍铺子经营不善或管理体制落后也有可能停产倒闭使传承中断的，这时可采取扶持性保护措施，在资金上给予支持，在管理模式和技术上加以指导，使其逐渐恢复元气。如今一些规模较大的花馍铺子大多引进现代技术，缺少了一定的观赏价值；一些采用手工制作的铺子规模则较小，经济效益不高；还有一些为了提高效益，追求数量，制作的花馍比较粗糙，有些则直接停业。针对这些情况，政府可给予资金扶持，帮助铺子扩大规模，招聘更多的人手，这样不仅可以保护花馍艺术这一传统手工技艺，还可培养更多的花馍艺人，对花馍的传承起到重要作用。

三、花馍艺术的传承与发展

花馍艺术不是只要传承下来就好，还要有所发展。花馍铺子的产生、花馍材料的创新、花馍市场的开拓以及花馍课堂的开展对花馍艺术的发展起到重要作用。

第一，花馍店铺的涌现。在过去的农村，花馍在各种节日和仪式中起着十分重要的作用。人们用它祭祀天地神灵，用以祈福祝愿，它是连接人与人之间情感的纽带。但是现在的农村对花馍的需求逐渐减少，人们一边追赶潮流，一边又难以割舍花馍的美好。在人们的心里，花馍仍是占有一定地位的。因此，市场上出现了一批经营花馍的商家，一些头脑灵活的农村妇女正是看准了人的这种心理，利用自己的手艺开了花馍加工的铺子，既可为家庭带来经济效益，又可让花馍艺术这门技艺传承下去。但也许因为这花馍铺子主要是为了获得经济效益，铺子里的花馍似乎不如以前的好看了，出来的成品大多比较粗糙。有些铺子为了提高知名度，参加展览所做的花馍带有功利性，与以前为了祈福而做的花馍有很大的区别。而在有些地区如合阳、华县、大荔等地的花馍铺子以家庭为单位，长辈以言传身教的方式将自己的技艺、经验教给子女，同时受到外来文化的影响，技艺有所创新，这与旧式的家族传承不相同。从总体上看，花馍店铺往往倾向于以较为专业的方式制作花馍，所制作的花馍比较受人欢迎，销量又高，不仅增加了花馍艺人的收入，提高了他们的生活水平，还带动了当地的经济发展，但是在发展的过程中必须调节好花馍艺术创造与当地经济生活之间的矛盾，不可一味追求经济效益。总体来说，花馍店铺的存在对花馍的传承与发展是十分重要的。

第二，花馍材料的创新。花馍是由面团捏成的，而面食比较容易变质，因此花馍保质期比较短，不容易保存。若花馍的存放时间较长，就会发黄、干裂，口感也会变差。事实上，农村人很快就会把花馍吃完，长期储存是都市人的做法，都市人的饮食习惯注定了花馍只能成为他们的调剂品，长期存放可能会被扔掉，因此花馍的保存成了一个亟须解决的难题。如果先抛开花馍的可食用性，单从欣赏性出发，可将花馍的原材料进行创新，或是使用别的材料替代，而不是局限于面团。可以借鉴学习其他食品的制作方法，如针对花馍容易变质这一点，可以加入现代的防腐药剂；针对花馍容易干裂这一点，可以在原材料面粉中加入一些黏稠剂；针对花馍容易变脏这一点，可以在花馍的表面喷上一层透明漆等方法。这些方法都可延长花馍的存放时间，让更多的人可以欣赏到花馍的美。除了这些方法，还可用其他的材料代替面粉制作花馍。如泥质花馍，用泥制作的花馍可以存放很长时间，且做出来的效果也很好，但缺少传统花馍的那种蓬松感。这些方法都可以延长花馍的存放时间，但如果抛开花馍的可食用性，花馍便不再是真正意义上的花馍了，为了能让更多的人欣赏到花馍的美，还是应该想办法延长花馍的保存时间。

第三，花馍市场的开拓。如今国家已认识到传统文化的重要性，鼓励和支持开发具有地方特色和市场潜力的文化产品。花馍艺术这一传统技艺可根据自身情况与现代生活相结合，开拓新的应用领域。一些眼光独到的商家，重金聘请花馍制作高手进驻高级场所进行花馍制作。有些饭店将花馍进行包装，将花馍打造成该店的特色美食来吸引顾客；或是在顾客面前现场制作花馍，展示这门传统的乡土艺术，使人们近距离地了解花馍技艺，这不仅能激发人们对传统文化的热爱，还可以提高店铺的知名度和营业额。除了这些高级场所，有些商家将目光放到了花馍的生产销售上。如天津利好食品有限公司的研发人员在生产普通面点的设备基础上对机器进行了改造，使花馍生产实现了机械化。机械化生产不仅节省了成本，还提高了生产效率，使花馍走入市场、走上餐桌。此外，有些厂家还推出了各种模具，使部分花馍可实现完全机械化生产。所以，花馍艺术也可效仿，通过引进设备实现机械化生产。

第四，花馍课堂的开展。花馍艺术不仅仅是一门技术，也是我们的宝贵财富。虽说随着时代的发展，花馍艺术带有某些功利性，但是那些经过历史积淀而留下来的引人向上的文化精神是值得发扬光大的。我们应该通过多种手段来保护花馍艺术，使其得到传承与发展。现在有些地区的学校在日常教学中已经开展了《三字经》《论语》等国学及剪纸等传统文化的教学，花馍艺术也可效仿，让这一民间技艺进入孩子的课堂，由老师系统地教授花馍艺术的历史渊源、文化内涵等，再在课堂上向学生展示花馍的制作过程，让孩子们亲自动手制作，更深刻地了解花馍艺术的美。这种课堂教学不仅可以增长知识、开阔眼界、丰富学生生活，还可以让孩子们对中国传统文化有更进一步的了解，提高传统文化在孩子心中的地位，使其产生文化自豪感。

  花馍艺术作为一种具有地方特色的文化产物，具有独特的民俗价值、审美价值、教育价值、经济价值和历史价值。但是随着当代社会的高速发展，外来文化随着全球化的浪潮进入人们的生活，而从我们祖先那里流传下来的传统技艺则经受着巨大的冲击，逐渐淡出人们的视线，因此对传统技艺的保护与发展变得十分重要。花馍艺术是妇女智慧的结晶，是人民的瑰宝，必须采取措施使花馍艺术传承发展下去。在实施过程中，不可将目光只停留在审美上，要与现代潮流接轨，做适当的改变，将花馍推入市场，使之重新进入人们的生活，但要掌握好一个度，不可过分追求经济效益，失去花馍原本的韵味。

第二章　后现代文化语境中的民族寓言理论

21世纪是社会飞速发展，生产力急剧变革，各种社会思潮激荡的时期。由于生产工具的改进，生产力大大提高，人类创造了巨大的物质财富，但人们在为进步欢呼雀跃的同时，社会的发展又面临不同的困境和危机。各种悲剧性事件层出不穷，如局部战争、生态危机、恐怖事件、地区贫富差异日益加大等。资本主义社会进入一个全新的历史时期，被称为后现代社会、后工业社会、信息社会或晚期资本主义社会。理性、进步、自由、平等之类现代主义所讲述的乌托邦叙事遭到了质疑。西方的思想文化领域出现了一系列新问题和新现象，如华荷及其普及艺术、摄影写实主义、全新的商业电影潮流等，这些现象已经难以用传统的理论解释和说明，现代主义出现了表达危机，新的现象需要新的理论来阐释。

后现代主义思潮即生产于这种交织着各种矛盾的历史境况中，它正在努力建构一种崭新的理论体系，反思和审视现代主义的得失利弊，以从理论上解释社会的新现象、解决新问题。后现代主义思潮最早发端于20世纪50年代末至60年代初的建筑领域的争论和革新，随后逐步波及社会学、法学、宗教、历史和艺术等领域。法国后现代思潮理论家让·弗朗索瓦·利奥塔于20世纪80年代首次明确地提出"后现代"这一概念，并将其作为一种认知方式。贝斯特和科尔纳在其合著的《后现代转向》中还把后现代主义的起源追溯到19世纪的思想家克尔凯郭尔、马克思、尼采等人的论述，认为他们是现代主义和后现代主义转型时期的桥梁。

后现代主义是一种多元复杂的社会思潮，它没有统一的理论模式和系统的宣传纲领，本身就是一个繁杂庞大的矛盾体。后现代主义以一种怀疑的姿态质疑崇高，消解元叙事、反思自我，具有平面化、无深度、无中心和无主体的特征；后现代主义产生的时代背景是科学技术高度发达，信息传播迅速快捷，各种文本的生产和传播速度更快、渠道更广，由此形成了复制、粘贴、拼凑和戏拟的创作手法，消解了个体的独创风格，导致情感模式的消失；后现代多元主义思想打破了精英文化的垄断，呈现了大众文化和边缘文化的魅力，但流行、时尚等潮流却把大众引入消费主义的泥潭；后现代主义观念与大众、民主相关联，是一种受到普遍欢迎的民主进程，而文化与商品经济联姻，使后现代艺术丧失了批判功能，顺应了消费社会的需求，又有向资产阶级献媚的倾向。

后现代性精神偏离了传统话语和经典理论的轨道，呈现出与现代主义思想不同的征兆。关于现代性和后现代性的关系，人们持截然相反的两种观点：一种观点认为后现代性是现代性的延续和发展；另一种观点认为后现代性是对现代性的否定和消解。卡林内斯库、罗斯诺、利奥塔、哈桑和哈贝马斯等人积极支持前一种观点，他们认为现代性和后现代性不是各自独立的思想体系，而是具有同一性和连续性，绝不可把它们分割开来讨论。现代主义是一项尚未完成的宏伟工程，后现代主义是现代主义的一个方面、一个特殊阶段，因而，其使命是完成现代主义未竟的事业。据此，他们提出的口号是"重写现代性""重振现代性"。波德里亚和詹姆逊等学者则赞同后一种观点，他们认为后现代性源于现代性的消退和终结。20世纪五六十年代，西方文化领域发生了彻底的裂变，后现代主义形成了完全不同于现代主义的风格。根据詹姆逊的思想，现代主义和垄断资本主义相关，而后现代主义则是"晚期资本主义的文化逻辑"。

面对后现代主义文化的危机，阿多诺主张回归现代主义，在现代主义艺术中探寻具有批判力量的希望之星，他提出艺术救赎功能的乌托邦美学观念。阿多诺的乌托邦救赎思想建立在现代主义艺术之上，没有跳出资本主义的"箩筐"。詹姆逊与他寻找救赎的道路不同，并且更有意义。詹姆逊意识到文化是由内部矛盾和外部矛盾双重作用生成的，后现代文化的矛盾在资本主义内部无法自行解决。因此，詹姆逊把目光由内转向资本主义之外，跳出第一世界"意识形态的牢笼"，开始关注被边缘化或非中心的文化，力图从非主导话语中探索解决当代困境的有效措施，在全球范围内寻找可以突破困境的契机。詹姆逊得出的结论是资产阶级工程将永远不会完成，人类需要另一个工程，另一个工程是探寻第二、第三世界文化中有价值的成分。在研究了第三世界文学之后，詹姆逊提出了著名的"民族寓言理论"。

第一节 詹姆逊的后现代主义理论与文化乌托邦思想

詹姆逊[1]是20世纪优秀的文化批评家，美国新马克思主义的杰出代表人物。他继承了马克思主义思想的精髓，并融合了精神分析说和后结构主义理论等各家的专长，提出了一种具有当代性的马克思主义，并逐渐形成了自己独具特色的理论框架。

对后现代主义文化泥沙俱下的现状，理论家们各持己见，褒扬贬抑之声不绝于耳。詹姆逊却另辟蹊径，运用历史的、辩证的方法剖析后现代主义，把它作为晚期资本主义文化逻辑的主导形式，以形形色色的文化现象为例来论证他的观点，把文化研究扩展为广义文化研究，既不同于传统文化的狭隘观点，又适应了时代发展的要求。从这种视角出发，詹姆逊对后现代主义做出较为客观的评价，清醒地认识到它的时代特征。

对詹姆逊的后现代文化思想的评价，国内外学者论述很多，在此不再作为重点，只是将其作为本节研究的起点。本节的重点是分析和评价詹姆逊对后现代主义文化前景的展望，即文化乌托邦思想的建构，以及詹姆逊文化乌托邦思想对当代和未来文化建设的积极意义。詹姆逊才思敏捷，其论述庞杂，甚至有些晦涩难懂。本节意欲抓住他坚持马克思主义思想这一条主线，力争深入地理解和把握他的思想，以求得出有价值的结论。研究詹姆逊的文化思想并不是最终目的，我们进行研究活动是为了汲取异质文化的养料来丰富自己，他的宏阔视野和学术思想为社会主义文化事业的建设提供了有益的理论资源。

一、詹姆逊的文化乌托邦思想

面对晚期资本主义的现实境况，应该提出怎样一种合理的方案呢？詹姆逊徘徊不定，不禁发出感叹："我们似乎更容易想象土地和自然的彻底破坏，而不那么容易想象后期资本主义的瓦解，也许那是因为我们的想象力有某些弱点。"[2]虽然，暂时还没有找到走出理论困境的路径，但詹姆逊还是

---

[1] 国内部分学者译为詹明信或者杰姆逊。

[2] [美]詹姆逊.时间的种子[M].王逢振，译.桂林：漓江出版社，1997：1.

把后现代主义理论看作对未来的一种说明。后现代主义与晚期资本主义生产方式相一致，它并不是人类文明的终结，而是承接上一阶段历史的结晶，开启未来理想的中介力量。在文化发展过程中，新的意识因素会不断地取代旧的意识因素，但总会有一种贯穿始终的永恒的精神即预示未来理想状态的积极的乌托邦元素。这种乌托邦构想是基于特定历史条件下的具有前瞻性的规划，能够成为人类奋斗的精神动力。詹姆逊的研究就是要挖掘乌托邦的精神动力，增强人类为理想奋斗的信心。

（一）文化乌托邦思想的基石："认知绘图"

任何理论的构想都必须基于人类主体对对象的正确认识。人们要客观地、辩证地评价后现代文化，设计理想的文化形式，就需要对它成长的环境做透彻理解。在后现代社会阶段，人类生活的境况发生了变化，不可能再回到昔日的历史条件下实践当代美学，新的环境使得美学的内容和功能也发生了变化。所以，詹姆逊要绘制一幅全球性的"认知绘图"，要借鉴地图学的理念，为认知领域勾画出以"空间"概念为基本依据的文化政治模式，即"认知绘图"。

后现代主义最早出现于建筑领域，建筑史学家曼弗里多·塔夫里主张用"乌托邦"式的文化政治取代政治本身，并努力通过形式、空间或语言来改变世界。詹姆逊吸收了他思想中的内核，把"空间"作为"认知绘图"的主导符码。詹姆逊认为每一种生产方式都会产生与之相对应的时空观念，信息、科技的飞速发展使得各种事物更新换代的周期骤减，历史发展变革的速度加快，现实被压缩为单纯的空间形式。詹姆逊认为："在日常生活里，我们的心理经验及文化语言都已经让空间的范畴、而非时间的范畴支配着。"[1]后现代文化改变了人类传统的认知模式，即由听觉文化向视觉文化转换。新的空间模式的建构是文化革命中最积极、最有力的因素，新的空间感受对当代社会产生了不可低估的影响。在新的空间模式控制下，文化由质变向量变转型，大众不可能有足够时间细细体味生活的无穷魅力，人们判断事物的标准服从时尚、潮流和媒体等的引导。

在以空间结构和空间组织逻辑为主导的后现代世界中，主体已经丧失

---

[1] ［美］詹姆逊. 晚期资本主义的文化逻辑[M]. 陈清侨, 等译. 北京：生活·读书·新知三联书店, 1997：450.

了积极驾驭时间的能力，历史和未来的统一成为不可能的事实。空间美学风格的转变引起了人类社会的革命，现代主义的空间模式拒绝装饰和点缀，注重实用和效益。后现代主义空间恰恰追求大众化的审美趣味，给人以愉悦感。现代主义因对现实的不满提出乌托邦的设想，要改变现实的生活使社会更趋合理化。后现代主义出现了一种新的"超级空间"，也就是说后现代的空间范畴超出了个体的能力，现实中的人类不能改变自己的生活，从而陷入一种迷茫的境地。

客观地认识历史与正确地判断现实是绘制认知地图的前提条件。历史是非文本化的，需要剥开一层一层的文本叙述才能看到"真实"。而且受理论和政治等诸多因素的影响，完整地绘制地图在实际行动中是一项艰巨的工作。如果一切都是一种将要到来的失败，那么，所有的构想和规划都具有同等的价值，都导向一种结局。而问题的存在恰恰与此假设相反，人类既要适应历史潮流，又要积极主动地去改造社会，尽量避免失败带来的不良后果，所以关于理论的预设是否有价值极为重要。"认知绘图"是这样一种含有积极意义的理论构想。它不仅是过去式、现在式，也是将来式，含有预言性的内容，从中能看到关于未来发展的可能性的迹象。"'认知绘图'正可提供这种具有教育作用的政治文化，使个体对自身处于整个全球性世界系统中的位置有所了解，并加以警觉。"❶后现代文化丧失了集体和个体积极奋斗的力量，成为一种平面化没有深度思想的存在，"认知绘图"可以使公众保持对制度体系的敏感性，激起他们的斗志，并完成现阶段的文化政治使命。

如今，世界不同地区、不同民族之间的联系日益频繁。虽然地理上的密切交往越来越明显，但是，并没有从实质上解决现代人心理上的孤独和寂寞问题，也没有解决现代社会主体的精神分裂和自我定位消失的难题。由此，詹姆逊提供"认知绘图"理论，试图为我们在矛盾丛生、鱼龙混杂的社会中，找到一种可以自我确认并界定人与社会、国家、种族关系的新视野。"充分地掌握了'认知绘图'基本的形式后，我们便能找出自己跟本

---

❶ [美]詹姆逊.晚期资本主义的文化逻辑[M].陈清侨，等译.北京：生活·读书·新知三联书店，1997：514.

地的、本国的以至国际上的阶级现实之间的社会关系。"❶在零散化的后现代社会，人们要形成对世界的整体性的把握就需要这样一幅"认知绘图"提供的理论视野。"认知绘图"使个人主体能在特定的境况中掌握再现，在特定的境况中表达那外在的、广大的、严格来说是无可呈现（无法表达）的都市结构组合的整体性。"❷"认知绘图"有利于我们整体地、全面地把握事物的本质，有利于在人的认知思维中绘制一幅有机联系的地图框架，形成思维的有序性，从而调节与其他抽象形式的关系。"广义的"认知绘图"正要求我们把经验资料（主体的实际方位）跟非经验的、抽象的、涉及地理整体性的种种观念互相配合调节。"❸

詹姆逊提出重建历史的思想，力图从纷繁芜杂的后现代景观中归纳出事物的本质，利用现代理论对社会盲目性的一面进行有效的抵制。"从长远的观点看，不可能制造一种表现方式来确凿地表现预先存在的视觉幻象，这里只有一种保证唯物主义抵制唯心主义复原的方式，即防止用形而上学的术语作解构性的阐释阅读。"❹"认知绘图"不能解决所有的问题，但它可以提供一种方法论的保证，使研究活动沿着正确的方向前进。我们虽然无法整体地认识宏观世界，理解所有事物，但这绝不等于不可知论，而是人类认识事物的历史局限性问题。理论的尽善尽美是一种奢望，但是要从根本上保证方法论的正确性才能促使它前进。理论也要不断地创新，从想象性地解决矛盾过渡到现实的革命。

詹姆逊的"认知绘图"理论突破了传统的反映模仿说和旧的"再现意识形态"的框架，在新的历史境遇中融入更多的内容，形成一种兼容并包的美学模式。这个模式所置身其中的理论范畴容许我们重新站在一个新的高地来分析传统问题，利用它来解决后现代话语的部分理论困境，打通走出表述危机的道路。"认知绘图"是一种新型的全球性的标志，是阶级意

---

❶［美］詹姆逊.晚期资本主义的文化逻辑[M].陈清侨，等译.北京：生活·读书·新知三联书店，1997：512.

❷［美］詹姆逊.晚期资本主义的文化逻辑[M].陈清侨，等译.北京：生活·读书·新知三联书店，1997：510.

❸［美］詹姆逊.晚期资本主义的文化逻辑[M].陈清侨，等译.北京：生活·读书·新知三联书店，1997：511.

❹［美］詹姆逊.文化转向[M].胡亚敏，译.北京：中国社会科学出版社，2000：35.

识的符码,"它的意义仅在于提出一种新的和到目前为止还未想到的阶级意识,同时它也反映了后现代中所暗含的那种新的空间性发展……"❶詹姆逊的"认知绘图"要对分裂的社会形成一种全新的认知,要全面地把握世界,以一种发展的眼光探索当代文化蕴含的革命意义,展望文化的未来前景。从此出发,詹姆逊建构起文化乌托邦思想的框架。

(二)文化乌托邦思想的模式:理想的文化王国

在"意识形态的终结""艺术的终结"和"历史的终结"等一片"终结理论"的呼声中,詹姆逊作为一位肩负重任的学者,并没有因后现代的困境一蹶不振,没有对未来感到悲观失望,他依然希望能够透过黑暗的夜空看到黎明的曙光。阿多诺继承并发扬了法兰克福学派的批判理论,揭示了资本主义社会的商品逻辑的不合理性,否定了整个资本主义社会制度。詹姆逊比阿多诺更理智,在"认知绘图"理论的指导下,他力图正确地判断后现代文化的现状,提出文化乌托邦思想的规划,努力探索后现代文化发展的路径。詹姆逊在描绘理想文化蓝图时注意兼收并蓄,对混杂身份和各种新的复杂结构进行分析和宣扬,主张用"对话式语调"代替"独白式话语",以一种"协力关系网"取代"单一作家"。因为詹姆逊以开阔的胸怀接纳一切事物,所以他的文化乌托邦思想更具包容性和完美性。

1. 后现代文化中蕴含的"希望的种子"

后现代主义形成于特定的历史时期,表征着历史的特殊性、必然性和积极性,顺应了晚期资本主义社会制度的发展。在晚期资本主义废墟中生长出的富有积极向上思想的内涵,为詹姆逊文化乌托邦理想的建构提供了良好的条件。詹姆逊依据马克思主义经济学原理,密切关注文化与经济之间的关系,试图从社会历史的发展进程来解释后现代主义文化现象并展望未来。因此,詹姆逊积极地探索并挖掘出蕴含在后现代文化中的"希望的种子"。这些"希望的种子"成为引导当代文化走向未来的积极因素。

詹姆逊认为20世纪及以前,文化的含义与大众文化不同,而是被理解为欣赏绘画、听古典音乐或观看歌剧等高雅的艺术活动。而如今到了晚期资本主义社会,文化的外延不断扩大,它已和琳琅满目的商品、活跃的

---

❶ [美]詹姆逊.晚期资本主义的文化逻辑[M].陈清侨,等译.北京:生活·读书·新知三联书店,1997:47.

工业生产等经济活动紧密地联系在一起，无处不在、无所不包，甚至形成了"日常生活的审美化"，渗透到大众日常生活的多重领域。社会中许多现象都被冠以"文化的光环"，如体育文化、饮食文化、服装文化和影视文化等。这预示着后现代主义文化已经完全平民化、大众化，曾经界限分明的高雅文化和通俗文化的鸿沟消隐了，精英文化和大众文化的区别淡化了，昔日被古典艺术所蔑视的商业文化和工业文化已经被吸收并成为新文化的一部分，同时在社会生活中产生了重要的影响。花样繁多的大众文化如雨后春笋般蓬勃地萌发并生长起来，高雅音乐、诗词歌赋、古典服饰和经典影视等优秀的传统文化还受到肥皂剧、流行音乐和好莱坞电影等现代流行文化的冲击。艺术和社会之间高高的墙开始被消解，艺术生活化、生活艺术化，艺术回到了人民群众之中，并成为公众生活的一部分，因为适应了大众生活的情趣而具有了更加广阔的市场。在后现代社会阶段，文化除了作为人类的一种精神财富，还作为商品被销售，实际上具有更广阔的空间建构自身。

同样是马克思主义学者，阿多诺和詹姆逊进行文化研究的出发点是一样的，但对于大众文化的态度和所作出的评价却迥然不同。阿多诺把以市场为导向的大众文化称为"文化工业"，并对其持批评否定的态度。他把文化工业看成资本主义经济制度的必然产物，统治阶级进行意识形态控制的重要手段。他认为文化工业使艺术和消费者都丧失了主动权而处于技术的控制之下，是对大众的一种欺骗性的许诺。他从资本主义经济出发看到的是市场对文化的腐蚀，大众文化丧失了文化的真实性特征。而詹姆逊则摒弃了法兰克福学派的偏见，从社会学出发看到了大众文化的民主和平等倾向。他从文化的流行和普及中嗅到民主化延伸的芳香，认识到大众文化对精英主义的抗争和对权威主义的颠覆。之所以得出更合理的结论，是因为詹姆逊摆脱了意识形态的局限，始终坚持辩证地、历史地解读大众文化。在对大众文化的一片声讨中，詹姆逊独具慧眼，认识到它的审美特征。康德的审美无功利同样适用于评价大众和精英文化作品，在欣赏《教父》、阅读《鸽翼》或聆听贝多芬的奏鸣曲时，读者都可以达到超越现实的境界。据此，我们可以了解到，大众文化蕴含着传统的美学观念，又适应了当代社会发展的新形式，获得了时代的生命力。

詹姆逊明确地肯定了大众文化的价值，大众文化与数量极其多的民众相关，消解了精英主义和权威主义意识，使文化与日常生活联系起来。他指出，电视节目和电影等大众文化比华莱士·史蒂文斯或亨利·詹姆斯等精英知识分子所表达的内容对广大民众更有意义。法兰克福学派有一种浓郁的"怀旧"情结，眷恋着现代主义艺术的审美魅力。詹姆逊认识到法兰克福学派的局限性在于把传统的现代主义高级艺术作为真正的产品，竭力维护它的地位。詹姆逊提出重新审视大众文化和精英文化的二元对立，不能用精英知识分子的伟大作品作为标准来衡量大众文化，精英文化和大众文化并不是相互对立的两极，而是资本主义条件下美学产生裂变的孪生子和不可分离的两种形式，它们互相补充、互相依存。伊格尔顿对詹姆逊的思想做了补充，他认为一些人反对大众文化是因为意识形态上的偏见，和审美价值没有多大关系。"即使按照划分经典作品的严格标准来衡量，以电影为主的大众文化领域的许多作品也是非常成功的，或许还可以说，有些作品可以进入经典之列。"❶

后现代文化冲击着精英文化的统治地位，促使美感上的民本主义（aesthetic populism）产生，建筑艺术鲜明地体现了文化生产模式及其引起的大众审美意识的转变，后现代主义建筑师严厉地批判和遣责了现代主义建筑上所谓的"文化霸权"。他们认为现代主义建筑师设计了一座座庞然怪物（monumental "duck"），把建筑物与周围环境彻底地隔离，利用组织结构空间的新奇刻意宣扬精英主义和权威主义，流露出一种高不可攀、唯我独尊的傲气。现代主义追求的是超越，超越自身，超越美学，甚至超越美学成为反美学。它要超越纯装饰性的和纯欣赏性的美学，以获得那种已经不复存在的预言家的地位和神圣的权利。后现代主义是民本精神在美感形式上的具体体现，与现代主义的目标正好相反，它打破了现代主义树立的权威意识和精英意识，因而詹姆逊高度赞扬了詹克斯后现代主义平民化优先权的观点。后现代建筑被视为民本精神在美感上的具体体现，其设计更接近大众，更倾向于满足公众的日常生活需求。后现代主义者设计的新建筑物是一种很普及的产品，他们把建筑群与周围的空间联系在一起，创作者们不是想在俗艳的社会中异军突起，因而可以打破虚构的梦幻空间，好好地把握现实生活。后现代美学成为与时代命运息息相关的主题，人们正经历一次对审美的普遍回归，崇高的美感被消解，而愉快的美感上升到主导地位。

---

❶ [美]特里·伊格尔顿.历史中的政治、哲学、爱欲[M].马海良，译.北京：中国社会科学出版社，1999：194.

2. 多元化与自由的发展空间

后现代思想突破了主导意识形态的控制权,演变为多元共生的开放状态,它拒绝经典、范例和权威,接纳多种风格、多元叙述、多样形式,吸收边缘化、非中心化、世俗化的文化模式,形成一个自由自在的体系。它也摆脱了传统的再现形式,采用全新的创作模式呈现崭新的世界姿态,形成了兼容并蓄的特点。詹姆逊非常赞同索·兰道的观点,在资本主义历史上,后现代文化提供了最广阔的自由活动空间,它在社会中发挥作用的范围也在不断地扩大。大众文化的盛行打破了贵族文化或精英文化的垄断局面,为大众提供了参与创造文化的机会。文化的主体群体不断地扩大,如"yuppies"(雅皮士)的文化实践也成为这一阶段有效的意识形态和文化模式。后现代文化没有主导的代理人,而是各个领域和层面的群体都在起作用,形成了琳琅满目的后现代景观。后现代好比一个偌大的磁场,吸引来自四面八方的各种文化动力。边缘文化、东方文学、黑人文学和第三世界文学等曾被排斥的东西渐渐浮出水面。后现代的艺术打破了原有艺术规律的禁锢,使许多曾经被蔑视的思想重现生机。不断创新的艺术手法,使得艺术表达具有了更广阔的空间。从资本主义制度内部衍生出的后现代艺术在某种程度上具有解构资本主义社会的破坏力量和革命性,具有对抗主流意识形态霸权的作用。

文化的社会功能在现阶段日益重要也更加多样化,它对各个社会层面的影响也更加明显。詹姆逊认为新的文化产品和革新(这里指的是大众消费文化领域)才是衡量一个既定地区中心地位的关键指数,而不是该地区的财富和生产力。他以日本和美国为例,"……这就是为什么财雄势大的日本人试图吞并美国娱乐业,如索尼收买哥伦比亚电影公司及三菱收购 MCA 公司都失败了。这就说明,虽然拥有巨大的财富、技术及工业产品,甚至所有权本身和私有财产,日本人还是没能把握根本的文化生产力,这对于确保在全球化进程中应付一切对手是必不可少的。无论是谁,说到文化生产也就是说日常生活的生产,离开了这一点,你的经济体系就无法继续扩张及发展自己"[1]。许多学者赞同这一观点,亨廷顿认为文化现在已经成为经济发展的流行议题,文化对经济的发展起着重要作用。丹尼尔·帕特里克做

---

[1] [美]詹姆逊,三好将夫.全球化的文化[M].马丁,译.南京:南京大学出版社,2002:69.

了更进一步的阐述，他甚至认为是文化而不是政治决定着一个社会的发展。

后现代文化既是从现代主义中成长出来的，又是下一个文化模式的出发点和生长点，它所具有的积极的、有意义的元素为社会的发展提供了多种发展的可能性。后现代主义代表了晚期资本主义社会阶段的主导文化，反映了人们心理结构新的变革，对人的性质进行了一场激烈的革命。这说明后现代思想已波及人本身，触动了人自身的改革，社会踏上了发展的另一趟班车。"大众文化并非全然与现代性/启蒙这类政治和知识大业无关，它实际上可以被看作当今时代的一种后启蒙（post-Enlightenment）事业……"❶大众文化只是与传统文化的表现形式不一样，但它的确有向时代献媚的倾向，我们要揭开被面纱所遮蔽的东西，揭示它的启蒙性和先进性。解决这一问题的关键是大众要调整自己在社会中的地位。

3. 第二、第三世界的"真实文化"

文化的发展需要各民族间的相互交流、碰撞和对话，而不是由一种强势文化吞并弱势文化。即使是在全球化程度如此深的今日，"美国人绝对优势地控制着全球的电影、电视和录像业。然而几乎没有或根本没有证据来支持这样的假设，即普遍的全球通信的出现正在导致观点和信仰的趋同……目前，现代化已是一种全球性的现象，所有的文化都在朝现代化迈进。从这个意义上说，西方世界和别的世界的差异正在消失。然而现代化并不一定意味着西化。有许多迹象表明，现代化加固了现存的文化，因而使文化间的差异永远存在"❷。詹姆逊的思想是顺应文化发展潮流的，他明白理想的文化模式不可能是单一的，而是各种成分的重新组合，后现代文化也只有吸取其他文化有意义的东西才会走向未来，他要通过多种途径更完善地构思他的乌托邦大画面。哈贝马斯做了类似的说明，"后现代主义的乌托邦许诺，一个社会的许诺，如果它的时刻到来，而且当它的时刻到来时，我们将肯定既不称其为资本主义，也不称其为社会主义"❸。

詹姆逊认为他与阿多诺的分歧在于阿多诺对苏联、第三世界和美国的黑人运动持反对态度。詹姆逊的高明在于他对真实文化作品的界定上，他

---

❶ 王宁.超越后现代主义[M].北京：人民文学出版社，2002：216.
❷ [美]塞缪尔·亨廷顿.再论文明的冲突[J].李俊清，译.马克思主义与现实，2003(1)：39-44.
❸ [美]罗斯.后现代与后工业[M].张月，译.沈阳：辽宁教育出版社，2002：107.

认为真实的文化作品"是那种在世界体系中处于社会生活边缘地区的集体经验的产品：黑人文学和黑人民歌，英国工人阶级的摇滚乐，妇女文学，同性恋文学，魁北克的小说，以及第三世界文学……"❶后现代文化虽然是一种风靡全球的强势文化，但并不包含詹姆逊所称的真实的文化作品，因而它是不完美的。詹姆逊思想的价值在于看到了真实文化作品不同于后现代文化的本质特征，而这些文化的特征是形成真正文化的必要条件。一方面，他们（詹姆逊所指的在世界体系中处于社会生活边缘地区的人们）仍然保留了集体生活或集体团结的形式，文化正是在这种集体模式中不断衍生出来的，集体性社会生活方式是真正文化的温床，集体性是詹姆逊文化乌托邦思想的核心。集体生活中个体和集体的界定非常清晰，两者之间会形成一种和谐的整体协作关系。"显然，他（詹姆逊）所期待的是后个人主义的社会世界的出现，一个新的集体主体性的出现，从而导致对存在的全面改造。"❷詹姆逊认为物质和谐（如黄金分割、人体比例的和谐）诱导我们思考真正的人类世界和现有的哲学能达到的最终形式。这个最终形式应朝向和谐、合理的一端发展，这是集体性政治的必然要求，由个体组合成集体达到最佳的配置形式，社会潜能才能源源不断地释放出来。人类集体团结形式所产生的力量凌驾于个体自身命运之上，由此可以缔造一个超出思想所能抵达的理想的乌托邦世界，因而，真正有意义的是集体生活方式。另外，他们（詹姆逊所指的在世界体系中处于社会生活边缘地区的人们）生活在边缘地区，沿袭着世代的传统习惯，他们的文化是一个统一的体系，尚未被市场和商品体系完全渗透，脱离了商品拜物教的魔爪。真正的文化是一种精神消费品，具有自身运行的内部规律，不像后现代文化作为一种商品受经济规律的制约，它具有更强的自主性和独立性。生活于后现代语境中的大众可以从第二、第三世界文化中汲取重要的经验。

詹姆逊倒置了黑格尔的主奴关系学说，他认为，"处于无特权的从属地位的人们虽然置身不幸的社会存在，与资产阶级具有一种暂时的亲和力，

---

❶ [美]詹姆逊.快感：文化与政治[M].王逢振，等译.北京：中国社会科学出版社，1998：253.

❷ 陈永国.文化的政治阐释学：后现代语境中的詹姆逊[M].北京：中国社会科学出版社，2000：99.

但却处于超越这些先验界限的优越位置"❶。这种思想使詹姆逊看到美国霸主地位的危机,被压迫阶级所潜藏的革命力量对统治阶级产生了威胁。在詹姆逊看来,"我们自以为主宰世界的美国人正处在与奴隶主相同的位置上。我们所形成的上层奴隶主的观点是我们认识上的残缺,是把所观物缩减到分裂的主体活动的一堆幻象。这种观点是孤立和缺乏个人经验的,它掌握不住社会整体,像一个没有集体的过去和将来的、濒死的个人躯体。这种没有固定位置的个人和结构主义为我们提供了萨特式的否认事实的奢侈,让我们逃脱了历史的梦魇,但是同时也注定我们的文化染上心理主义和个人主观的'投射'"❷。通过分析比较,詹姆逊看到了第三世界文化中的寓言性质,它通过讲述个体的故事和感受,以民族寓言的形式反映这个社会集体的经验和生活过程,传达集体的思想意识及个人对社会现实的关注。后现代的文学文本掩饰了真实的生活境遇,使当代人产生了一种幻象,导致社会内部真正群体经验的缺乏。

那些在非市场、非消费者消费社会中成长起来的人们,具有和资本主义社会的人不同的思维方式。詹姆逊认为如果我们承认这两种思维方式的差异,便可以发现一种新的社会文化的萌芽,从中我们可以窥视到无法预见的未来。这些无法预见的文化元素正是后现代文化所缺少的,但文化的健康发展必须具备这些合理的因素。社会主义文化并不是新出现的东西,只不过是在资本主义社会的研究领域中被无情地忽略了。今天,后现代文化危机重重,人们开始探寻以构成社会主义特色和教育体制为基础的社会主义文化曾经被忽视的价值和意义。詹姆逊指出"第二世界"的文学和文化中包含着能够预示未来社会形式的合理成分(詹姆逊称为乌托邦),这种乌托邦文本至少提供了一种逻辑上可能的形式。社会主义文学中的乌托邦文本在其自身内部含有对苦难的揭示,这就已经表达了渴求消灭苦难的愿望,要实现这种愿望就需要积极的革命斗志,革命精神即是推动社会前进的动力。通过分析普拉东诺夫的《切文古尔镇》(本书是一部预言性著作,在社会发展史上具有征兆的性质),詹姆逊认为,正是在"第二世界"现实的乌

---

❶ 陈永国.文化的政治阐释学:后现代语境中的詹姆逊[M].北京:中国社会科学出版社,2000:62.

❷ [美]詹姆逊.晚期资本主义的文化逻辑[M].陈清侨,等译.北京:生活·读书·新知三联书店,1997:545.

托邦形式中发现了蕴含在现实社会中的积极的文化元素，这些艺术作品的价值远远超过西方的艺术作品，因为在这些乌托邦形式中深藏着彻底的破坏力量。晚期资本主义社会是历史发展过程中的一个特定的、必经的过渡阶段，这个阶段是可以成为过去的，乌托邦的意义在于加速旧社会的灭亡，促进新的社会形态的产生。

4.传统文化的现代意义

詹姆逊指出："生产方式并不是那种令人生畏的'总体系统'，它包括种种对立的力量和在自身生产的一些新趋势，既有'残存'的成分也有'初生'的力量……"❶詹姆逊把生产模式置于连续的历史境遇中，生产模式不可能以纯粹的状态孤立地存在和发挥作用，而是具有非共时性，每一种生产模式既消耗了生产模式的积累，又导向一种新的未来的生产模式。文化革命的变化也与生产方式的进展协调一致。因此，任何文化模式都不是孤立的、静止的，而是具有历史发展性的。现存的文化生产包含过去也预示未来，过去积淀的东西会对现在产生重要影响，文化可以说是传统积淀、现实力量和未来理想三位一体的。威廉斯在论述传统文化时比詹姆逊更具体，他提出"剩余文化"概念，剩余文化是指在以前的社会中曾经存在过的文化，但它是经过历史的过滤遗留下来的，并且在现阶段得到了实践。现实的文化活动需要吸收剩余文化中有价值的部分，为文化的进一步发展提供资源。

基于生产方式的理论基础，詹姆逊并没有把人类社会的发展人为割裂开来，抛开历史的传承性空谈文化，他在后现代文化前景的蓝图中也融进了传统之根。詹姆逊没有以后现代学者自居，没有把后现代文化置于不可侵犯的地位，他态度鲜明地坚持后现代文化的历史渊源以及传统经验对美国知识界的影响。

社会发展到今天，人类在情感上有一种无家可归的漂泊感。詹姆逊观察到现代人并非对一切事物的消隐无动于衷，相反，情感的无根导致大众对历史产生强烈的眷恋情绪。如"怀旧电影"的盛行，对"怀旧"（nostalgia）风格的追求也就是对传统经验的缅怀。当前社会的现实、历史的现实、经验的现实，以及"过去"作为"所指"曾经存在过的现实都可踏上这辆文化实践的"班车"。"怀旧"文化不是单纯地恢复历史的记忆，而是在追忆过去的时候试图与未来接轨，为文化的发展探求合理的道路。"'怀旧'这

---

❶ [美]詹姆逊.文化转向[M].胡亚敏，译.北京：中国社会科学出版社，2000：42.

个紧缩的形式,把文化实践引进一个更复杂、更有趣、更富创意的形式突破之中。"❶当然,由于历史环境的变迁,"怀旧"也很难捕捉到真正文化经验中社会历史的现实。对过去的选择还受我们自身时代的影响,"……我们需要考虑到我们与过去交往时必须要穿越想象界,穿过想象界的意识形态,我们对过去的了解总是受制于某些深层的历史归类系统的符码和主题,受制于历史想象力和政治潜意识"❷。

"怀旧"风格创造出极具新鲜感的混合体,这种创造既展现了"缅怀过去"的历史风貌,又满足了商品社会大众的审美追求,它把文化实践引入一种全新的境界,形成的创新思维也对建设未来理想的社会提供了有价值的思想资源。在表意链断裂、情感消失、精神分裂和主体死亡的后现代社会,传统精神为迷失方向的大众开辟了可以暂时遮蔽风雨的港湾。波德莱尔称这种"怀旧"为"性欲的历史循环",他也揭示了"怀旧模式在现代社会的创造性"。传统对现代的影响有时是潜移默化的或隐含式的,置身于传统的精神氛围之中我们不一定能感觉到传统精神的力量。现代美国人历史观念淡薄,他们一般喜欢自由自在而不愿受传统的约束,当然这具有积极性的一面,有利于突破传统进行创新。但是传统并非只是陈旧的,有些仍在今天的舞台上发挥积极的作用。"我认为,虽然今天美国的知识界有着巨大的能量,但它的'理论',也就是说它的文学和文化理论在源泉和灵感上仍然是欧洲的。"❸根据詹姆逊的论述,我们可以清楚地了解到美国现代社会中的巨大能量不是空穴来风,它离不开欧洲传统精神的奠基作用,现实是传统结出的一颗果实,后现代性的产生则是基于对现代性的思考和界定。"除非我们漠不关心一切,我们似乎斩不断与过去的联系……这样,'历史的噩梦'变得无法逃避:我们到处碰见它,甚至在它似乎缺席的情况下。"❹

---

❶ [美]詹姆逊.晚期资本主义的文化逻辑[M].陈清侨,等译.北京:北京:生活·读书·新知三联书店,1997:458.

❷ [美]詹姆逊.晚期资本主义的文化逻辑[M].陈清侨,等译.北京:北京:生活·读书·新知三联书店,1997:152.

❸ [美]詹姆逊.晚期资本主义的文化逻辑[M].陈清侨,等译.北京:北京:生活·读书·新知三联书店,1997:301.

❹ [美]詹姆逊.晚期资本主义的文化逻辑[M].陈清侨,等译.北京:北京:生活·读书·新知三联书店,1997:169.

不管人类是否意识到，传统都在影响当代人的生活，即使人们试图割断历史，也不能脱离历史的藩篱。既然如此，人们就不应该无视传统的存在，而应积极地接受传统文化，利用传统中有价值的东西为现代人服务。

伊格尔顿认为后现代主义没有把一切历史排挤在门外，它所拒绝的是大写的历史❶，而不是历史。詹姆逊也明白后现代主义尊重历史传统的重要性。他批评了美国人无视传统、消解历史的自以为是的态度，他要从历史的长河中审视后现代文化，为后现代文化的发展寻找积极的因素。詹姆逊强调"历史""语境"，他的研究从历史出发，关注现在，指向未来。参照文化传统质疑后现代文化，"我们不再把过去看成是我们要复活、保存或维持的某种静止和无生命的客体；过去本身在阅读过程中变成活跃的因素，以全然相异的生活模式质疑我们的生活模式……正是在这层意义上，过去对我们讲述我们自己所具有的、实质上的和未实现的'人的潜力'，但是过去不是增添个人或文化知识的教诲或消遣。相反，过去是关于匮乏（privation）的一课，它强烈地质疑我们的商品化日常生活物化的景象，以及我们在塑料制品和玻璃纸的社会中的模拟经验"❷。传统可以保障文化的生命力，它联结了历史的记忆和现实的生活，提供了前人处理困境的经验和教训。传统不仅提供经验，还会以旁观者的身份审视当代社会，揭示现实的不合理性，以唤醒沉睡的大众，激起人们的斗志。现实要从历史的质疑中做出正确的选择，培育符合时代要求的新型文化形式，胜利完成文化的革命。具有生命力的理论模式要突破现阶段所受的限制和约束才能发展，今天的阻力来自先进国家的霸权主义、强权政治和文化侵略，未来的社会要摆脱这种压抑。那么，如何才能摆脱这种压抑进入一种新型的构想模式呢？詹姆逊认为，过去的生活经验为当代人提供了丰富的资源。正确地对待传统可以帮助人们找到改变现实的可能性的路径。

传统是已经成为过去的历史，人类不可能直接地与传统对话，只能以文本或叙事的形式与传统交流。与传统交流面临着如何客观公正地认识和

---

❶ 对于后现代主义来说，大写的历史具有目的论的特点，它坚持认为世界会有目的地朝向预先决定的、内在固有的目标运动。即使历史会受挫，它也会从低级向高级发展、进步。[美]特里·伊格尔顿.后现代主义的幻象[M].华明，译.北京：商务印书馆，2002：55.
❷ [美]詹姆逊.晚期资本主义的文化逻辑[M].陈清侨，等译.北京：生活·读书·新知三联书店，1997：191.

对待传统的问题，不是所有的传统都是有价值的经验。人们往往会走向两种极端：一种是全盘接受，认为只要是历史的就是好的；另一种是完全抛弃传统，把现实与过去一刀斩断。人类在接受传统时并不是一成不变地照搬，传统登上时代的舞台时人们对它的改造是必然的，否则就会带来不良的后果。詹姆逊举例说，曾经是解决困境的方法之一的儒学在20世纪变成新出现的障碍的一部分。如果把传统当作国粹抱住不放，那它将会成为历史前进的包袱。我们拾起传统的记忆，用传统的精华来对抗工业文明带来的异化，借用历史文本为我们的未来开拓一个具有集体意识的领域。以历史反观现实，历史是一个参照坐标，为将要到来的明天提供了一面镜子。在《60年代：从历史阶段论的角度看》中，詹姆逊是以"历史就是必然"的理论立场来展开论述的。这说明任何一个特定的社会发展阶段都会染上时代的色彩，我们不可抛弃甚至超越现阶段而奢谈文化。

（三）对詹姆逊文化乌托邦思想的评价

詹姆逊论述道，经典马克思主义认为未来的种子已经植根于现实之中，任何新的社会关系都是从旧有的社会关系中成长出来的，如果清除掉其中关于未来的学说，那么马克思主义本身也将逐渐地被清除。因此，我们可以断定，马克思主义是前瞻性的理论，"马克思主义也预见了未来的社会，用我们上述的术语来说，它献身于实现未来或乌托邦生产模式，这种乌托邦生产模式试图从我们今天的霸权主义生产模式中脱颖而出"❶。伊格尔顿也曾经发表过类似的言论，他认为与其说马克思主义发展了一种"唯物主义"，还不如说是发展了"伦理的"或者"乌托邦"的社会主义理论。詹姆逊的文化乌托邦理想蓝图的基础正是马克思关于未来学说的理论。

1. 理论的先导作用

社会在革命的实践活动之前总需要激进的思想作为理论先导。贯穿乌托邦始终的是启蒙意识，所以，乌托邦思想在人类社会发展中所起到的积极作用不可被忽视。詹姆逊以犀利的语言、严肃的态度批判了后现代文化所带来的各种弊端，他力图揭开伤疤，意欲进行疗救，并且制订了远景规划，为未来社会的发展提供了一种理想的范式。詹姆逊的思想是乌托邦理

---

❶ [美]詹姆逊.晚期资本主义的文化逻辑[M].陈清侨，等译.北京：生活·读书·新知三联书店，1997：192.

论在文化领域里的一种具体规划，他把探索的目光指向未来，思考将来会出现或应该出现的合理的社会形式，并提出促进新社会诞生的方法。他为资本主义的可能性前景提供了理论设想，这些对社会进行预测的理论为社会的发展提供了精神动力。

乌托邦饱含着能够开启人类美好生活的思想，它不会也不可能在历史中缺席。曼海姆认为："乌托邦因素从人类思想和行为中的完全消失将意味着人性和人类发展显现一种完全新的特征。乌托邦的消失将造成一种事态的静态局面，结果，人自身只不过变成了物。我们于是面对着可以想象得到的最大的悖论，即已经达到对其存在有最高程度的合理把握的人，却没有了任何理想，仅仅变成了受冲动支配的人（creature of existence）。于是，在长时间的曲折但史诗般的发展之后，正是在意识的最高点上，在历史不再是盲目的革命之时，在历史越来越成为人自身的创造物的时候，在放弃乌托邦的时候，人将失去改造历史的愿望和理解历史的能力。"❶詹姆逊也对乌托邦的重要性做过说明，"在目前环境下，人类生活业已被急剧地压缩为理性化、技术和市场这类事物，因而重新伸张改变这个世界的乌托邦要求就变得越发刻不容缓了"❷。

詹姆逊的乌托邦思想与现代主义所具有的乌托邦魅力是不同的。詹姆逊批判了社会中不合理的现象，试图超越现阶段文化不可解决的矛盾，着眼于未来建构一种理想的社会蓝图。他的思想根源是经济基础与上层建筑之间不平衡的关系，他进行研究的出发点是资本主义社会所处的特殊阶段的现状。因而，他的文化建构思想在一定范围内能够解决现实危机。而现代主义所具有的否定、批判和颠覆不合理的社会的作用，只是在现实的废墟上用五颜六色的笔涂抹的梦幻般的理想王国。这种理想没有现实的基础，却要超越现实生活，成为纯粹理想的乌托邦主义，是对客观世界的一种虚幻性的改变，这正是后现代主义所极力反对的。

文化界的这种大融合理论会不会变成现实，詹姆逊的乌托邦蓝图是否能够实现，这是理论如何转化为实践的问题。我们先来看詹姆逊自己的理解，他认为真正的国际性知识分子联盟没有出现，但这并不意味着完全不可能。经济领域的接轨和融合加快，知识文化界也要抓住机遇促进发展，

---

❶ 陆俊. 理想的界限[M]. 北京：社会科学文献出版社，1998：33.
❷ 陆俊. 理想的界限[M]. 北京：社会科学文献出版社，1998：34.

文化交流越来越多,至少人们已经有意识地朝这一方向努力了。现代传媒技术使得信息交流速度加快,不同国家之间的学者加强了思想的融合,学者们注意取长补短,试图借用异域文化来弥补自己的不足之处。"历史就是对无数规划或许多否定循序渐进的过程。每一个规划都是一个过程或总体化行为,因为它(重新)组织了朝向乌托邦未来的经验或无数规划。詹姆逊的黑格尔式的马克思主义所指的恰恰是这样一个乌托邦计划。"[1]詹姆逊的思想是国际知识界大联盟过程中的一个阶段性的规划,他的乌托邦构想也会随着这一过程的推进不断发展完善。

詹姆逊清醒地认识到,在文化领域引入乌托邦,不等于可以建立一个美好的未来社会,而是为人类的设想提供一个理想的蓝图,从中发现和汲取社会进步所需要的精神力量,推动社会不断地前进。詹姆逊的文化乌托邦思想打开了一系列关于未来建设的创造的可能性,投射出想象的终极目标和实践的理想状态。他积极地赞同文化在某一社会阶段,在某种程度上能够投射出尚未具体展现的社会经济发展的苗头这一观点。即使对于真理性的东西,詹姆逊也以怀疑和警惕的态度去赞颂它们,他从不被事物五彩缤纷的表象所迷惑,而是认真地剖析其本质。

詹姆逊理论的深刻之处在于他依据经济基础和上层建筑之间的不平衡关系,正确地认识了文化的先导作用:文化能够走在前面,预示尚未存在的生产方式的未来形式。鉴于此,他的乌托邦思想主要是基于文化对生产方式的积极作用,寻找文化模式中蕴含的预示未来的生产方式。如果我们从他展开研究的初始目的出发,詹姆逊的文化乌托邦思想的确为处于后现代困境中的人们提供了一线希望。"真理向前一步就是谬误",詹姆逊恰当地停止了脚步,没有踏进谬误的深渊。他清楚地认识到人们不能无视社会发展规律使文化脱离生产方式的轨道,文化只能加速或延缓生产力的发展。詹姆逊了解社会发展的规律,他的文化乌托邦思想也不是毫无根据的纯理想主义。他并没有否定生产力对文化的决定作用,而是要为社会在文化领域的发展提供一种可供选择的道路。我们先不去论述他的文化乌托邦思想能否实现,单是他的社会"大画面"就构想了人类文化发展的光明前景,成为茫茫大海上的一盏航标灯。

---

[1] [加]谢少波.抵抗的文化政治学[M].陈永国,汪民安,译.北京:中国社会科学出版社,1999:29.

历史的选择必然会遭遇失败，但失败不等于死亡。乌托邦与死亡相关，不是乌托邦可以解决死亡问题，阻止死亡的到来，而是为死亡提供一个新的视角，乌托邦话语重构了未来的想象。晚期资本主义社会确实取得了巨大的经济成就，但是资本主义基本矛盾无法在本身的制度内得到解决。詹姆逊明白他没有能力动摇经济基础的地位，只能在其允许的范围内发挥文化的局部作用。他努力分析，力求做出合理的判断，展望后现代文化的前景。詹姆逊虽然认为后现代文化是反乌托邦的，但他还是以乌托邦般的幻想，把破碎的后现代文化的现在与过去和未来连接起来。詹姆逊要解开后现代文化的矛盾，预测它的后果，推测那些至多是某种倾向和潮流的东西在充分发展之后会呈现什么样的形态和机制，也就是后现代文化究竟走向何处？对于晚期资本主义的文化逻辑形式，他既不悲观也不狂喜，而是冷静地分析，指出其历史逻辑的必然性，探索文化的最终走向。詹姆逊进行文化研究的理论根据是现实，因此，从某种程度上讲，他的乌托邦思想具有实践的意义，但是无论如何，詹姆逊都跳不出历史的牢笼。"不识庐山真面目，只缘身在此山中"，这种局限性不是他个人的错误，而是历史发展的必然性和不可超越性。

2. 与社会实践的脱节

西方马克思主义是在第一次世界大战后欧洲无产阶级革命失败的情况下产生的，在理论和实践相脱离的环境中发展起来的。先天不足使西方马克思主义的斗争失去了工人阶级的力量，由于缺乏正确的革命实践的指导，西方马克思主义学者只好把研究的目标转向当代资产阶级文化，关注资本主义条件下文化运作的机制和特色，从理论上推翻资产阶级的统治。因此，他们重视文化在社会革命中的作用，从理论层面剖析社会制度的弊端，努力在精神领域颠覆不合理的社会制度，试图用文化哲学解决政治和经济危机。他们忽视了这些不合理制度的经济基础，没有从根本上动摇资本主义社会的生产方式。这些西方马克思主义学者把改造世界的研究搬进大学的图书馆里或讲堂上，缺乏社会实践的有效行动，因而他们的思想仍然具有形而上学的色彩，缺乏推动社会变革的基础阶级力量。

传统马克思主义坚持历史唯物主义的观点，沿着基础决定上层建筑的路径深入探讨资本主义并展开批判因此有了劳动、工资和剩余价值等论述。西方马克思主义则抛开了基础决定上层建筑的要素，没有对资本主义的制度进行实质性的变革，而是从制度以外的技术层面对资本主义展开批判。西方马克思主义从精神领域入手，使这种精神实践又回到了黑格尔的路径。

詹姆逊试图摆脱这种历史的脚镣，但是在行动上并没有真正地做到。生产方式是社会前进的主导因素，虽然不是文化发展的唯一因素，但是它起着主导的作用，詹姆逊非常清楚这一点。不过，由于历史条件的局限性，身处资本主义社会之中，詹姆逊不能进行生产方式的变革，暂时"悬置"生产方式进行文化的建构是一种理想的规划。他不停地探索，试图找到更合理的文化发展模式，在理论上为未来提供一幅美好的前景绘图。他的绘图脱离了物质实践的基础，所以人们称他的文化研究为"文化乌托邦思想"。詹姆逊的理想蓝图并没有对生产方式进行任何变革，只是在作品中用"存在""去蔽"等字眼戏剧性地标示出一个乌托邦空间。他设想在不触动资本主义现存制度的情况下，通过文化领域的革命带动整个社会向一种完美的境界迈进，塑造一个消除了异化、人与人和谐相处的理想社会。"因此，历史地看，在这种意义上，乌托邦的使命在于失败；它在认识论上的价值在于使我们感到围绕我们思想的壁垒，在于使我们通过纯粹的感应发现看不见的局限，在于在生产方式自身当中使我们的想象陷入困境，在于使奔驰的乌托邦之脚陷入当前时代的泥沼，想象那是地球引力本身的力量。"❶詹姆逊的乌托邦构想不可能超越生产力的历史阶段使社会发展获得最终的胜利，但它能够促使人们发现现存制度的各种弊端。

詹姆逊文化理论的出发点是资本主义社会现阶段的历史状况，他的最终落脚点却没有了根基。詹姆逊的实践活动不是物质的实践，而是把理论话语与具体文化现象结合起来的精神实践。正如他自己所言，对于无法用具体作品和具体环境相结合的哲学，他不感兴趣。因此，詹姆逊对理论的完善也讲实践，但他的实践不是对社会的改造，而是在精神层面寻求一种圆满的理论体系，在这一环节上，他跟西方马克思主义传统如出一辙。当谈到如何把完善的理论投入社会实践中时，詹姆逊无法做出回答。詹姆逊没有找到社会发展的真正动力，文化的改革毕竟离经济基础还有一段距离，因此他的设计方案的可行性受到质疑。

詹姆逊从前人的经验基础上出发，试图借鉴有价值的理论进行创新。威廉斯提出了他设想的未来合理的文化形式——共同文化，这种共同文化

---

❶ [美]詹姆逊.时间的种子[M].王逢振，译.桂林：漓江出版社，1997：79.

包含一种社会主义思想,是指各民族在集体的社会实践中不断地创造和定义整个生活方式。共同文化具有鲜明的民主色彩,社会各个成员担负着共同的责任、共同参与创造和共同享受使用。威廉斯强调共同文化的基础是集体生活和实践,这与詹姆逊的观点具有异曲同工之处,威廉斯认为如果要达到共同文化的美好目标,就需要在共同生活的每个领域获得共同的生活资料。在此威廉斯提出生产资料的公有制问题,因而共同文化的命题也被归入社会主义革命的问题。詹姆逊的文化乌托邦思想试图超越资本主义社会时代的局限性的思想则相形见绌,这也是他的理想之舟暂时被搁浅的重要原因。虽然詹姆逊在很大程度上达到了既定目标,但是他并没有摆脱时代的局限性。"我们当然不能指望美国的知识分子去分析他们社会的'幼稚的奢华',因为他们被关在'校园的象牙塔里'。"❶詹姆逊自己也叹息道,"但是我们应该也考虑到,作为知识分子,我们可能正酣睡在鲁迅所说的那间不可摧毁的铁屋里,快要窒息了"❷。

陆俊在分析研究西方马克思主义现代乌托邦思想时提出了判断乌托邦的标准,"我们说乌托邦是'空想',并不是看它对未来究竟提出什么设想,重要的是看它的设想是在什么基础上提出来的"❸。我们并没有指责詹姆逊构想的乌托邦大画面有缺陷,只是他在资本主义私有制生产方式基础上试图改造现实就注定了他的理想具有虚幻性。在此,詹姆逊偏离了马克思主义的科学轨道,即从社会实践的基本矛盾出发,在偶然性的历史现象和事件中得出社会发展的必然性规律,人类社会最终的完美境界是以公有制为基础的共产主义。詹姆逊恰恰截取了历史的片段进行乌托邦理想的建构,理论根基的松动和历史必然性规律的缺席使他的理想被搁置起来。詹姆逊的文化乌托邦思想也只是一种理想的社会模式,在现阶段不可能达到理想的目标。正如詹姆逊所指出的:"乌托邦只不过是对集体生活的政治和社会的解决办法,它不会消除人际关系和肉体存在本身(其中包括性关系)这两

---

❶ [澳]约翰·多克.后现代主义与大众文化[M].吴松江,张天飞,译.沈阳:辽宁教育出版社,2001:148.

❷ [美]詹姆逊.晚期资本主义的文化逻辑[M].陈清侨,等译.北京:生活·读书·新知三联书店,1997:533.

❸ 陆俊.理想的界限[M].北京:社会科学文献出版社,1998:34.

者固有的紧张状态和不可解决的矛盾……"❶

詹姆逊认为社会不是某种经验的客体，人们不能在自己的经验中见到真实的世界，对世界的发展的构想只是一种假说。在分析了马克思的思想之后，詹姆逊提出"他（马克思）讲的不是历史的终结，而是前历史的终结"❷。从马克思的历史观点出发，詹姆逊把他的乌托邦构想置于人类历史中。他重新解释"历史的终结"理论，并把终结作为新的历史发展阶段的起始点。他提出重建历史，做出全球性的假想，以积极地干预现实，并将"永远历史化"作为他思想的指明灯，这也是詹姆逊的高明之处。詹姆逊的思想不是终结式的理论探讨，而是一个永远指向未来的开放体系，一切历史化，在历史中求证，在实践中发展。詹姆逊的探索只有走出资本主义历史阶段才能遇见光明的使者。

二、詹姆逊文化乌托邦思想的意义

詹姆逊对晚期资本主义社会研究的最终目的是建构人类未来的理想文化，他的乌托邦思想是对马克思主义的一种当代发展，他的文化理想为社会主义文化建设提供了参考坐标系。因此，詹姆逊的思想具有重要意义。

（一）理论意义：后现代主义的马克思主义

在《马克思主义与后现代主义》文章中，詹姆逊开篇就鲜明地阐述了自己的观点，他认为马克思主义与后现代主义并不完全相悖，成为一个后现代主义者也并非就是一个非马克思主义者。詹姆逊由对立转向对话，创造性地运用马克思主义理论分析和解决后现代问题。称詹姆逊为后现代主义的马克思主义者不是说他是一个叛徒或变节者，而是指他为马克思主义注入了鲜活的时代血液，使马克思主义具有蓬勃旺盛的生命力并永远向未来开放。马克思主义活的灵魂是理论与实践的结合，理论必然来源于实践，又要指导实践。詹姆逊吸收了马克思的这一思想并以资本主义社会林林总总的文化实例来分析后现代文化，从一系列文化现象中概括抽象出本质的东西，又在总体性的观点指导之下研究具体文化的发展趋向。事实上，文化实践只是社会实践层面的一个重要组成部分，如果片面地夸大它的作用

---

❶ [美]詹姆逊.时间的种子[M].王逢振，译.桂林：漓江出版社，1997：116.
❷ [美]詹姆逊.文化转向[M].胡亚敏，译.北京：中国社会科学出版社，2000：86.

是不可取的。在詹姆逊看来，任何一种理论的意义都在于寻找、发现并提出新问题，而不是仅仅给出一个可供选择的方案。

与其他理论家不同，詹姆逊坚持从马克思主义的经典思想出发，把生产方式❶和文化❷之间对立统一的矛盾关系作为后现代文化解构和文化乌托邦思想建构的理论基础。从根源上讲，文化由生产方式决定，生产方式是文化存在和发展的基础，每一种生产方式都会产生与之相适应的文化存在形态。

一方面，詹姆逊从生产方式的历时性角度来阐释它对文化的决定作用。"为了研究某一种文化，我们必须具有一种超越这种文化本身的观点，即为了了解资本主义文化，我们必须研究了解另外一些来自完全不同生产方式的文化。也就是说要彻底了解资本主义文化，就得超越时间，回头从人类学的角度来考察资本主义生产方式和这种生产方式带来的文化。"❸除了当前的生产方式对文化的发展起决定作用外，过去的生产方式对文化的影响也是持久和深远的。要对后现代主义做出公正的判断，就必须打破现有生产方式的局限，詹姆逊认为要从资本主义生产方式的整个发展流程来研究它培育的特殊文化模式和文化形态。马克思按照原始社会—亚细亚生产方

---

❶ 所谓生产方式是指人类获得生活资料的方式，也叫物质资料的生产方式、物质生活的生产方式。人们为了生产物质生活资料，必须具有一定的生产力与之相适应的生产关系，二者的对立统一即构成一定的生产方式。其中生产力是生产方式的物质内容，生产关系是生产方式的社会形式。生产方式的性质是由生产关系的性质所决定的。每一个社会，它总是建立在一定生产方式基础之上。生产方式归根到底决定全部社会政治制度和社会意识。

❷ 詹姆逊在此引用了欧洲文化的三种定义（这三种定义是指"耕耘""农作"这一意思之外）。"首先，'文化'相当于德语中的 Bildung，意即个性的形成，个人的培养。这是浪漫主义时代的概念，是新兴中产阶级的思想产物。还有就是指文明化了的人类所进行的一切活动，文化与自然是相对立的。这第二个概念是人类学意义上的定义……我们通常讨论的文化也从这个定义入手。但是文化还有第三种含义，即日常生活中的吟诗、绘画、看戏、看电影之类。这种文化和贸易、金钱、工业是相对立的。因此，第一种文化是精神、心理方面的，是个人人格形成的因素；第二种是社会性的，包括日常的行为举止和生活习惯，是社会形式；第三种则是一种装饰。"引自詹姆逊：《后现代主义与文化理论》，第3页。

❸ [美]詹姆逊.后现代主义与文化理论(讲演)[M].唐小兵，译.北京：北京大学出版社，1997：13.

式—封建主义—资本主义—社会主义—共产主义的进程划分生产方式的历史，任何文化研究都应该置于这个发展链中来考察。

另一方面，詹姆逊从生产方式的共时性层面考察它对文化的决定作用，这涉及基础❶和上层建筑的关系。上层建筑指政治、文化、宗教和意识形态等，并且基础决定上层建筑，因而作为上层建筑之一的文化便由基础所决定，而且基础起最终决定作用。"任何现代马克思主义文化理论研究必然始于考察决定性的基础和被决定的上层建筑这个命题……而在从马克思到马克思主义的转变中，在主流马克思主义自身的发展中，决定性的基础和被决定的上层建筑这个命题常常被认为是马克思主义文化分析的关键。"❷詹姆逊正是从马克思的基础决定上层建筑这一理论出发，对资本主义文化进行了分期化处理。他根据恩斯特·曼德尔的资本主义发展三阶段（国家资本主义、垄断资本主义和晚期资本主义）理论，提出现实主义、现代主义和后现代主义的文化发展轨迹。詹姆逊还说明了三种形式之间的关系，"我说过，关于现实主义、现代主义和后现代主义的一种新理论在形式上的基本要求，至少应该是把这三种现象辩证地看作同一过程中可以任意交换位置加以排列的阶段；换言之，应该把它们置于一个更大的、更抽象的统一模式中，从它们的相互关系和对照中加以界定……"❸后现代主义是早已存在的资本主义制度内部某种辩证的转换，不是孤立的文化潮流，而是具有特殊的历史性特征的文化潮流。

詹姆逊坚信马克思主义具有无与伦比的威力，它至今仍是解释分析资本主义的最佳模式。因而，他始终坚定地站在马克思主义的立场上，高举马克思主义的伟大旗帜。从马克思主义经济学的制高点出发，詹姆逊高瞻远瞩地把后现代主义定位在晚期资本主义社会阶段，把它看作人类历史发展的一支急流，并不会永远存在。后现代主义急流消退之后会进入新的历

---

❶ 威廉斯对"基础"进行过明确的界定，"基础"是人现实的社会存在。"基础"是对应于物质生产力的发展阶段的现实的生产关系。"基础"是生产力发展的特定阶段的生产方式。参见《马克思主义文化理论中的基础和上层建筑》，载《马克思主义美学研究》第2辑，刘纲纪主编，广西师范大学出版社1999年版。

❷ 威廉斯.马克思主义文化理论中的基础和上层建筑[J].傅德根,译.马克思主义美学研究（第2辑），1999(1): 327-346.

❸ [美]詹姆逊.晚期资本主义的文化逻辑[M].陈清侨,等译.北京：生活·读书·新知三联书店,1997: 279.

史境遇，一种更合理的文化风格将取代后现代主义。这也是詹姆逊对马克思主义理论的现代发展和做出的杰出贡献。詹姆逊认为马克思主义最终会触及经济结构，他得出富有马克思主义特色的论断：有关后现代的理论最终是一种经济理论。詹姆逊把文化置于经济层面上讨论，更清晰地认识到后现代文化的历史性，因而他积极地探讨未来更合理的文化形式。

需要强调的一点是，詹姆逊并没有简单地接受文化的经济决定论，而是严厉地批评了唯经济决定论的错误观点。他指出："经济基础其实是某种技术和某种劳动进行方式的结合，包含对物质的利用和人的利用两个方面。这种经济基础、上层建筑的划分很容易被歪曲利用，一些教条马克思主义认为只有经济决定了一切，除此之外都是'多余现象'，无关紧要。这实在是对马克思的误解。"❶詹姆逊还进一步阐述了如何准确地理解马克思主义，以防止人们对马克思主义的误读和歪曲利用。"我并不认为马克思是经济决定论者，但我认为谈马克思主义就不可避免地要这样那样地谈经济，这是马克思主义的一个内在的、历史的、不可逾越的特征。"❷

詹姆逊把马克思主义理论具体运用到文化研究领域，对经济和文化之间的关系做了深入的论述，他认为："我们并不是说文化和经济可以以简单的、一对一的因果关系来解释，我们只是说这两者之间有一种间接的（mediate），而非直接（immediate）的关系。也就是说如果你追根溯源，最终会找到经济这个原因。"❸这段简洁的话语包含了事物的两个层面：经济是文化发展的最终决定性因素，但不是唯一因素；文化具有自身发展的逻辑规律，受到社会制度、历史传统、风俗习惯和意识形态等中介的影响。所以，文化不是被动地、消极地任凭经济摆布，它有时会反作用于经济，在某种程度上加速或延缓经济的发展。尤其在晚期资本主义社会阶段，文化生产与经济技术之间的关系更加难以界定，"去差异（dedifferentiation）"使得经济和文化的联系日益密切甚至互相渗透。比如，后现代建筑的兴起与

---

❶ [美]詹姆逊.后现代主义与文化理论(讲演)[M].唐小兵,译.北京：北京大学出版社，1997：15.

❷ [美]詹姆逊.晚期资本主义的文化逻辑[M].陈清侨,等译.北京：生活·读书·新知三联书店，1997：17.

❸ [美]詹姆逊.后现代主义与文化理论(讲演)[M].唐小兵,译.北京：北京大学出版社，1997：69.

多国商业的赞助是不可分割的，经济直接为建筑文化提供物质基础，文化也会助力经济的发展。詹姆逊运用历史的、辩证的方法进行文化研究，向经典马克思主义更靠近一步。

生产方式与文化之间就如同磁悬浮列车和轨道的关系，列车必须与地面保持一定的距离，如果太远列车就会脱轨，如果太近就会因摩擦而产生的阻力，影响车速。文化是悬浮在经济基础之上的上层建筑，最终决定于经济基础，有时又会游离于经济基础。文化不仅能展示将要出现的黎明的曙光，走在经济的前面展示新事物发展的方向，而且能为光明的到来提供精神动力。詹姆逊的文化乌托邦思想是马克思主义理想在文化领域的具体化，其马克思主义的乌托邦特色在于"从狭窄的经济决定论中解脱出来，去寻求一种存在论的、诗意的景观，去探讨世界存在及人类生活的种种可能。在这个意义上，这种趋势是颇有意义的"❶。詹姆逊的文化理想打开了后现代之后的文化前景，尤其是在人类生活已被压缩为理性化、技术和市场的"物化"时代，他的思想更彰显出无穷的魅力。

贝尔提出"宗教救赎说"，主张"重新向某种宗教观念回归"，设计出"公众家庭"的文化崇拜，这实际是文化的保守主义。本雅明认为"救赎意味着对丧失的认可。所要拯救的不是对美好未来的预先构造，而是已经丧失了的过去，因此，'救赎'就是一个否定神学范畴"❷。救赎是因对现实的不满而留恋过去，在历史中寻找可以解决现实危机的东西。本雅明的这番话可以解释詹姆逊与其他理论家的不同。"救赎"是一种否定学说，是对失去的东西的哀叹和惋惜。詹姆逊的探索则更有意义，他的思想是先解构再建构，解构源于对现实的不满，建构则用于弥补现实的不足，设计未来的理想的社会。"重新运用历史分析的方法，对具有政治和意识形态功能的概念不断地加以检验和判断，在今天，这种方法将在我们想象性地解决现实的矛盾中发挥意想不到的作用。"❸文化乌托邦思想具有这种功能。科学的进步和技术的发展使得地图绘制精确度更高，但真正至善至美的地图始终没

---

❶ [美]詹姆逊.晚期资本主义的文化逻辑[M].陈清侨，等译.北京：生活·读书·新知三联书店，1997：34.

❷ 陈永国.文化的政治阐释学：后现代语境中的詹姆逊[M].北京：中国社会科学出版社，2000：79.

❸ [美]詹姆逊.文化转向[M].胡亚敏，译.北京：中国社会科学出版社，2000：35.

有出现。人类的精神文明的发展呈螺旋式上升,哲学也在不断地进步,后人在前人理论经验的基础之上潜心研究,"认知绘图"也始终是一个未竟的事业,詹姆逊的文化构想也在不断地完善。

詹姆逊看到了传统马克思主义运用的局限,他要在已经变化了的政治和经济社会中完善马克思主义。他的研究是对生产方式的新发展,试图解决马克思主义传统经济模式与现阶段不相适应的问题。在《政治无意识》中詹姆逊明确地表明了他的雄心和志向,"本书的临时性结论将阐明,在孕育那些位于我们自己世界疆域之外的新形式的集体思想和集体文化的过程中,马克思主义阐释必将面临一些挑战。读者将在那里看到一个空着的位子,它是为某一尚未实现的、集体的、解中心的、超越现实主义和现代主义之类的未来文化生产而保留的"[1]。由此出发,他的最高目标是探索整个人类社会合理的文化生产方式。詹姆逊为后现代文化诊治的药方不同于其他学者,他站在一个更高的领地赋予马克思主义时代特色,并沿此光明大道走下去,积极地探索人类社会合理的文化形式。詹姆逊的后现代文化研究和文化乌托邦思想对社会主义文化建设具有重要的现实意义。

(二)现实意义:对社会主义文化建设的价值

目前,全球化热浪夹裹着后现代主义思潮猛烈地激荡着世界上各民族的文化。西方资本主义国家率先进入后现代阶段。而中国是一个发展中国家,在一个发展中国家谈后现代、谈技术理性的负面影响也许是奢侈的。但中国又是一个经济发展极不平衡的发展中大国,在西部地区尚未完全解决温饱问题时,其沿海发达地区已经建立了小康社会。因此中国处在前现代、现代和后现代多元共生的时代,这三种因素并不是各自独立,截然分离的,而是多重叠合、相互交织在一起,一个地区的发展现状会是这些因素共同作用的综合结果。我们必须在矛盾丛生的社会中把握主要矛盾,正确地分析中国的现实状况和所处的国际环境。目前,中国是一个由前现代向现代生成的社会,而不是后现代社会,更非停留在前现代社会。依然奔波在现代化征程上的中国不可能摆脱来势凶猛的后现代思潮的影响,后现代主义的文化困境为我们提供了参照,促使我们重新审视现代性的后果,以选择一条更适合

---

[1] JAMESON F.The political unconscious[M]. New York: Cornell University Press, 1981: 11.

社会主义发展的道路。所以，研究和了解后现代主义文化的历史渊源和发展状况，有助于我们采取有效的措施应对新时期的复杂问题，这对社会主义文化建设具有重要的理论价值和现实意义。

从某种意义上讲，詹姆逊的理论是连接社会主义文化和后现代文化的一架桥梁。一方面，詹姆逊最早于1985年把后现代主义思想带入中国，打开了中国认识西方思想发展的窗口。此后，他的著作和思想不断地被翻译和介绍，詹姆逊已经成为在中国最具影响力的后现代学者之一。另一方面，为了挽救后现代文化，詹姆逊敏锐地察觉到中国的民族文化所蕴含的价值和意义，他多次来中国考察。第三世界的民族文化面临着来自第一世界文化的威胁，认清资本主义文化的真实面目，能够有效地帮助我们抵制帝国主义的文化侵略。詹姆逊的后现代文化观和文化乌托邦思想对于全球化语境中的社会主义文化建设具有重要的参考价值。我们可以借鉴西方成功的经验，避免失败带来的后果。

后现代主义潮流通过"信息高速公路"大肆袭击着民族文化园地，上海、北京等大都市的社会生活乃至都市景观已萌发出后现代的诸多特征。互联网、影视和广播等通信媒体也把后现代之风吹到其他城市甚至农村。西方的后现代思潮是社会发展过程中逐渐出现的，中国的后现代主义是从西方引入的，大众在接受横空出世的五彩景象时显得有些措手不及，容易作出错误的判断。我们必须正视后现代文化的特点，了解其意识形态的生产过程。詹姆逊的思想正好可以弥补我们认识的缺陷，还有助于我们从后现代文化中借鉴反映新时代精神的合理因素。

真正的研究不应该囫囵吞枣式地引入，我们必须做到两点。其一，要树立"拿来主义"的思想，在我们能够消化吸收的范围内，利用外来的理论为社会主义文化服务。胡亚敏对中国的后现代主义思想的分析具有代表性，"中国后现代中最富有戏剧性的是，西方后现代对霸权的抵制在中国演变成一种民族抗争，西方后现代所倡导的多元和平等的思想启发了中国学者的民族意识——中国学者透过后现代的视野，看到了全球化与民族性之间的联系、差异和冲突，从而对西方话语的殖民化渗透产生了某种警惕，因此把后现代作为抵抗西方世界文化殖民的方式之一。"❶其二，要真正做好"洋为

---

❶ 胡亚敏.詹姆逊·新马克思主义·后现代主义：兼论中国文学批评的建设[D].武汉：华中师范大学，2002：104.

中用",必须转换传统的二元对立模式,走向共同合作、多元对话的良好局面。"有了这样的理解,我们才能在设计积极进步的文化政治策略时,掌握最有效的实践形式。"❶需要强调的是,我们一定不能把詹姆逊的后现代思想直接用来分析中国的文化现状。

詹姆逊提出的"抵抗的文化政治"对于经济不发达的国家具有重要的警示意义。作为第三世界的社会主义国家,我们的民族仍然受到霸权主义和强权政治的威胁。只是资本主义对第三世界的军事侵略和武力征服转向文化渗透,从意识形态领域加强帝国统治。因此,社会主义文化肩负起精神启蒙和革命实践双重任务。詹姆逊认为第三世界知识分子既是作家又是革命战士,第三世界文本具有被第一世界文本所遗忘的政治性,正是第三世界文本的政治性使西方读者感到陌生。关于政治和文艺之间的关系,中国文艺界早就探讨过。20世纪40年代,毛泽东在《在延安文艺座谈会上的讲话》中提出文艺和政治的标准,当时社会条件下,过度地强调政治的标准在今天已经过时,不过文艺和政治的问题仍然是不可忽视的。文化与政治的复杂关系也是当代文艺理论建设的要素。

在其论文《论"文化研究"》中,詹姆逊开篇明确提出:"文化研究是一种愿望,探讨这种愿望也许最好从政治和社会角度入手,把它看成一项促成'历史大联合'的事业,而不是理论化地将它视为某种新学科的规划图。"❷从詹姆逊精辟的阐释中我们可以了解到他从事文化研究的特色:不是把文化局限在学术领域只作为理论来研究,而是强调文化的现实作用和社会意义,以及文化在革命活动中所起的作用。詹姆逊的文化研究涉及社会性质的问题,他的乌托邦思想立足于晚期资本主义社会这一历史阶段,展望后现代文化的前景,对后现代文化之后的社会发展做出合理的推测。中国的基本国情是处于社会主义初级阶段,从这一命题出发,我们就是要建设具有中国特色的社会主义文化事业,这是前无古人的探索之路,也是朝向理想文化前进的奋斗历程。相比之下,我国文化建设具有比后现代文化更有利的因素。社会主义是以生产资料公有制为主体的所有制结构,广大

---

❶ [美]詹姆逊.晚期资本主义的文化逻辑[M].陈清侨,等译.北京:生活·读书·新知北京三联书店,1997:432.
❷ [美]詹姆逊.快感:文化与政治[M].王逢振,等译.北京:中国社会科学出版社,1998:399.

群众自己当家做主，易于形成民族的统一性和凝聚力，其把握现实和未来的能力远远超过主体断裂的后现代社会。文化可以超越纯粹的精神空间，转化为促进社会发展的力量。社会主义文化建设不应该走欧美式的后现代主义道路，而应沿着现代化建设的轨道，把马克思主义与中国实际结合起来，把握一切有利因素。在当前社会，文化与经济的联系越来越密切，社会主义经济应该成为我国文化获得话语权的坚实后盾，维护和促进社会主义经济的发展是民族文化最基本的要求。社会主义也能够建设具有生命力的新文化形式以抵制后现代文化的渗透。

社会主义文化与资本主义文化的关系必须由对抗转向对话，吸取资本主义文化积极的成分。不过，我们骨子里流淌着中华民族的血液，只有在社会主义这片肥沃的土壤中培植民族文化才会走向美好的未来。詹姆逊曾开出了一长列真实文化作品的名单，如黑人文学和黑人民歌、英国工人阶级的摇滚乐、妇女文学、同性恋文学、魁北克的小说以及第三世界文学。中国"储藏"的大量的"真实文化产品"成为社会主义文化建设的宝贵资源，也是詹姆逊孜孜不倦寻找的东西。蕴含民族精神的文化文本记载着中华民族生产和生活的历史与现实，包含着人们对美好生活的向往。对于经济落后文化"含金量"高的地区，政府要积极地采取有力的措施，投入财力、人力和物力来保护文化资源，使其免受市场、商品利益和拜金主义的"污染"。

詹姆逊把第三世界集体生产方式作为具体的立足点，能更有效地攻击资本主义社会中不合理的因素，使资本主义社会具有明确的奋斗目标和方向，最终建设人类社会的合理文化。因此詹姆逊的文化乌托邦思想为整个人类文化提供了理论设想。西方理论和中国理论的结合可以用来解决现实问题，尤其是在全球化的背景下，文学和文化建设面临着新的挑战和机遇，我们引进外来思想的最终目的是建设我们的文化和文学。詹姆逊以第一世界学者的眼光来研究第三世界文化，为我们提供了"庐山"之外的视野，他对第三世界的"民族寓言"的解读，对毛泽东思想的推崇和鲁迅文学的研究都有重要意义。他理论联系实际的马克思主义精神对社会主义文化建设和中国的马克思主义发展起到了积极的作用。他对晚期资本主义文化的透彻分析，对全球化的文化和经济复杂关系的探讨，以及他的文化乌托邦的构想都为我们提供了重要的信息资源。

人类社会跨入21世纪，社会由现代主义过渡到后现代主义，文化生产模式发生了变化，如好莱坞电影风靡全球，朋克牛仔成为时尚，铺天盖地的广告等充塞着大众的视野。置身于后现代文化语境中，有的学者为后现代状况欢呼，有的为它的未来忧心忡忡，有的沉默不语、徘徊不定。詹姆逊则密切关注这一契机带来的社会变化和发展机遇，他不仅关注现实，还打通了现实与未来的通道，推测后现代主义可能的发展趋势。

　　有的研究者称詹姆逊为后现代主义的"病理诊断师"。鉴于他的乌托邦思想试图解决后现代主义的文化危机问题，我们可以称他为后现代主义的"治疗医师"。詹姆逊的"一剂药方"是否能够拯救资本主义尚待历史的证明。詹姆逊以敏锐的眼光、渊博的学识和辩证的方法建构起一套后现代文化体系。他比其他马克思主义学者出色，在于他没有在后现代主义困境面前止步，而是透过资产阶级意识形态的重重迷雾，用探照灯般的眼睛洞察后现代之后社会发展的可能性，把目光锁定在文化未来前景的预测上。后现代文化需要发展自身，詹姆逊也说明了后现代主义不是一种解释，而是有待于被解释的东西，因而它并不是历史的终结，也不是一种自我封闭的结构，而是指向未来的、开放的文化逻辑形式，具有多元建构性。未来理想的文化模式从后现代文化中成长起来，既吸收传统文化的积极思想，又包含新的时代价值。他的文化建构思想走的是黑格尔指出的第二种结局，即他试图用一种更理想的文化逻辑形式来代替现阶段的文化，文化不会终结，历史也不会终结，社会正以一种不断更新的形式前进。在《文化转向》一书的前言中，安德森高度地称赞了詹姆逊的思想，"詹姆逊的著作，犹如夜晚天空中升起的镁光照明弹，照亮了后现代被遮蔽的风景。后现代的阴暗和朦胧霎时变成一片奇异和灿烂"。我们可以不同意安德森对詹姆逊的过高评价，但詹姆逊的文化思想确实在当代社会产生了重要的影响。

　　对詹姆逊思想的研究不仅可以了解后现代文化的特征，以及第二、第三世界的文化现状，而且有利于人类未来文化的创新和建构。社会主义公有制是一种集体性生产方式，与詹姆逊文化乌托邦的集体性核心相吻合。詹姆逊一直致力于文化的研究工作，努力探索后现代文化发展的道路，他在上层建筑领域发动了一场文化界的思想革命，规划了人类社会理想的蓝图。当然，詹姆逊的思想始终没有摆脱资本主义社会"卫道士"的形象，他的乌托邦思想因为社会历史和时代的局限性，是否能够实现很难下断论。他用审美形式的变革来实现文化乌托邦思想的宏伟计划暂时被搁浅，因为远航不仅需要一个好的舵手，还需要时代的大海能够承载起理想的船舶。

理论的规划是一种构想，把理论投入实践来检验理论的可行性要靠历史的审判官来断定。詹姆逊无法对他的理论模式做出结论，我们也不能妄下断言，因为一切事物将在历史发展中展现自身。

第二节 民族寓言理论与第三世界文学

弗雷德里克·詹姆逊是一位知识渊博的思想家，他精辟而深刻的论断不是来自纯粹的理性思考，而是以对诸多文学文本和电影艺术等具体作品的深入阐释为基础。尤其是在研读第三世界文学作品时，詹姆逊指出其民族寓言背后的集体主义叙事方式。

一、民族寓言与鲁迅的小说

在后现代文化危机的语境中，詹姆逊认为我们要重温歌德19世纪初就已经提出的"世界文学"。作为一位在国际上占有优势地位的美国著名学者，他没有以强者的身份傲视弱势民族，而是同先哲歌德一样，以海纳百川的胸怀，强调美国重新建立文化研究，必须重视第三世界文学和文化。通过对照第一世界和第三世界的文学作品，詹姆逊提出这些第三世界的文本对于美国当代人来说是陌生的，因为第三世界小说不能提供普鲁斯特或乔伊斯那样的满足。现代主义作家普鲁斯特和乔伊斯在作品中运用意识流的创作手法，表现现代个体内心无名的孤独感和焦虑感，强调个体生命体验的主观性和独特性，揭示个人与个人、个人与社会、个人与自然的对立和冲突。这些体验无法在第三世界文本中找到，因为在第三世界文本中存在一个大写的异己读者（the Other reader），这个大写的异己读者被美国当代人看作老生常谈或幼稚的叙事方式。虽然如此，第三世界文本却具有他们所不能分享的信息的新鲜感和对社会的关注。这种不能分享的信息的新鲜感和对社会的关注恰是第三世界文学的魅力所在，即作品中所蕴含的民族寓言和其中所包含的集体主义叙事方式。

第一世界小说提供给读者的是心理的意识潜流和个体的心理活动，割断了历史与现实、个体与社会之间的血脉联系，忽视了文化的革命意义和实践价值。相比较而言，第三世界文本仍然保留了那些看起来好像是关于个人和利比多趋力的文本，总是以民族寓言的形式来投射一种政治观念:"关于个人命运的故事包含着第三世界的大众文化和社会受到冲击的寓言。"❶詹姆逊认为第三世界文本正是通过讲述个体的故事和感受,以民族寓言的形式投射出一种政治观念,反映了这个社会集体的经验和生活过程,传达了集体的思想意识及对社会现实的关注。这些恰恰是后现代文化所缺失的,后现代社会的文学文本掩饰了真实的生活境遇,创造了一种虚幻的景象,导致个体意识突出而群体经验困乏,无法传达出一种能够产生共鸣的社会政治观念和民族情感愿望。

而被第一世界读者看作过时的民族寓言,在第三世界文学作品中依然存在。詹姆逊以鲁迅的作品为例,对这个问题作了精细的阐释。他深入地分析了鲁迅作品中"吃人"的寓意,"吃人"的怪异现象被鲁迅应用于整个中国社会。在鲁迅的笔下不仅患精神病的狂人、愚昧落后的阿Q、社会的"叛乱者",甚至勤劳隐忍的祥林嫂都会被吃掉。詹姆逊认为鲁迅所讲的"吃人是一个社会和历史的梦魇,是历史本身掌握的对生活的恐惧,这种恐惧的后果远远超出了较为局部的西方现实主义或自然主义对残酷无情的资本家和市场竞争的描写,在达尔文自然选择的梦魇式或神话式的类似作品中,找不到这种政治共振"❷。鲁迅所描写的"吃人"是中华民族苦难的隐喻,是历史悲剧的写照,具有极大的警示作用。

在当时的中国,"吃人"不是一个特殊现象,而是普遍存在的,而且吃人者还以冠冕堂皇的理由为自己的行为求得合法性。这种合法性的支柱就是中国牢固的社会制度和强大的文化传统。中国愚昧落后的传统文化观念结成了一张密密的网,使在网中苦苦挣扎的被吃者无处可逃。他们在家庭里被长辈吃,逃出家庭又被社会吃。鲁迅笔下的祥林嫂就是一个典型的例子。祥林嫂死了丈夫后,从家里逃出来,被婆婆抓回去,婆婆强迫她嫁给了贺老六。贺老六和儿子死后,大伯来收屋,将她赶出家门。她无家可归,只好再一次到了鲁四老爷家。虽然还是勤恳能干、吃苦耐劳,但是因为她死过两个男人,所以没有资格为祖先摆放供品。由于生前嫁过两个男人,柳妈告诉她,死后她将被锯成两半。为了给自己"赎罪",祥林嫂去捐了门

---

❶ [美]詹姆逊.晚期资本主义的文化逻辑[M].陈清侨,等译.北京:生活·读书·新知三联书店,1997:523.

❷ [美]詹姆逊.晚期资本主义的文化逻辑[M].陈清侨,等译.北京:生活·读书·新知三联书店,1997:526.

槛。捐了门槛后，当她理直气壮地去摆放祭祀的酒杯和筷子时，被四嫂断然阻止。从此之后，祥林嫂不仅身体彻底垮了，而且精神也不济了。很快，死在了温馨的大年夜。在描写个体命运的不幸和苦难时，鲁迅深刻地揭示了潜伏于"吃人"现象背后的历史政治根源和传统文化的痼疾。正是封建的伦理道德观念与落后的社会制度合谋将具有顽强生命力的普通人扼杀。祥林嫂对生活的要求很低，很容易满足。她第一次到鲁四老爷家里做工，肯出力气，比勤快的男人还勤快，对食物也不讲究。这样的生活她"很满足，口角边渐渐有了笑影，脸上也白胖了"[1]。但是，就连最低级的生存权利她都无法保障，婆婆可以随意将她卖掉，死了丈夫和儿子后，居住权也被剥夺了，甚至连祭祀祖先的权利都没有了。

鲁迅作品《药》是另一篇揭示"吃人"的作品，詹姆逊分析了小说里集中反映中国传统文化中难以言喻和富有剥削性的虚伪一面。其实，由于中西文化的隔阂，詹姆逊忽略了鲁迅在《药》中传达的更深沉的民族呼声和对国民麻木不仁的警示。革命者夏瑜的革命言论和行为不仅不被义哥、花白胡子和康大叔等人所理解，反而成为众人茶余饭后的谈资，甚至革命者的鲜血还被华老栓用来医治儿子的肺痨。在文中，夏瑜的形象隐喻清末女革命党人秋瑾。当时的民众不仅没有支持革命者所掀起的解放运动，反而成了革命的看客，阿义甚至成了反革命派的帮凶和刽子手，他还在夏瑜遇难时想趁机捞一把。鲁迅将国民的麻木、落后和愚昧描写得入木三分，深刻地揭示了革命的悲剧性。

最为可悲的是，中国传统文化吃掉健康的人，反而要让痛苦的生命延续，忍受难以忍受的痛苦，而且这还成了"孝"文化的核心。在传统文化的影响下，很多人合谋，共同吃掉了本来身体健康的阿Q、狂人、夏瑜和祥林嫂等。然而，中国文化中却有一种习俗，在父母临死时总要灌几斤人参汤，希望父母多喘几天，即使半天也好。鲁迅的父亲是这种庸俗观念的牺牲品。中医不仅耽误了父亲的病情，而且延长了他的痛苦。这恰是中国传统文化观念的悖论所在。鲁迅以艺术的方式再现了历史和现实、个体与社会的矛盾和冲突，讲述了民族沉痛悲惨、坚忍顽强的故事。

鲁迅作品中所包含的民族寓言的警示力量是巨大的。"寓言精神具有极度的断续性，充满了分裂和异质，带有与梦幻一样的多种解释，而不是对

---

[1] 鲁迅.鲁迅全集（2）·祝福[M].北京：人民文学出版社，1981：11.

符号的单一表述。它的形式超过了老牌现代主义的象征主义，甚至超过了现实主义本身。"❶文学挖掘潜藏于文本中而被主导意识形态掩盖了的历史真相。这种历史真相虽然被掩盖了，但是我们却无法逃避其隐在的主导作用，即使我们采取漠不关心的态度，甚至在缺席的情况下，也无法逃避"历史的噩梦"。我们既然无法逃避，就要去改变。知识分子应当承担起启迪民众的任务，鲁迅作品的核心主题就是改造国民本性。从对鲁迅作品中的民族寓言的研究和分析，詹姆逊提出了知识分子的双重身份和任务。

二、知识分子的双重身份：文化知识分子与政治知识分子

虽然身为当前处于强势地位的发达国家的文化领袖，詹姆逊并没有以世界文化领导者的姿态出现在理论论坛。他从全球化的角度，重构了知识分子的任务。"文化知识分子同时也是政治斗士，是既写诗歌又参加实践的知识分子。"❷通过与第三世界知识分子的交谈，詹姆逊发现了他们执着地希望回归到自己的民族环境之中，他们反复提到自己国家的名称，强调"我们"这一集合词。强调"我们"这一集合词的意义不仅是詹姆逊所谓的"民族主义"，也是对集体意识的强烈呼唤。尤其是在后现代语境中，个体意识凸显并被放大，强调集体的概念意义更加重大，这样可以克服后现代主义无历史深度、表意链断裂等痼疾。就此，詹姆逊建议在美国教育界建立研究知识分子作用的人文学科。詹姆逊的目的无非是弥补美国所缺失的历史内容，这种历史内容的缺失使得"作为第一世界的文化知识分子，我们把我们的生活和工作的意识局限在最狭隘的专业或官僚术语之中，具有一种特殊的臣属性和负罪感，只能加剧这个恶性循环"❸。

詹姆逊认为鲁迅在《狂人日记》中重建了"处于我们自己的世界表面之下的一个恐怖黑暗的客观现实世界：揭开或揭露了梦魇般的现实，戳穿

---

❶ [美] 詹姆逊. 晚期资本主义的文化逻辑 [M]. 陈清侨，译. 北京：生活·读书·新知三联书店，1997：528.

❷ [美] 詹姆逊. 晚期资本主义的文化逻辑 [M]. 陈清侨，译. 北京：生活·读书·新知三联书店，1997：530.

❸ [美] 詹姆逊. 晚期资本主义的文化逻辑 [M]. 陈清侨，译. 北京：生活·读书·新知三联书店，1997：532.

了我们对日常生活和生存的一般幻想或理想化"❶。詹姆逊的分析正切中了鲁迅从事文学创作事业的目的。鲁迅所塑造的患精神分裂症的狂人、自轻自贱的阿Q、落魄而死的祥林嫂、在酒楼里孤独迷茫的魏连殳等人物，都是处于社会底层不觉醒的人民群众，他们不仅受着上层阶级的剥削，而且最可悲的是，他们还以同样的方式，欺压本属于自己阶层的更弱小者。这是民族苦难和民族屈辱的象征和寓言。

鲁迅作为一名清醒的知识分子，他深刻地认识到民族的悲剧源于国民精神的麻木，要使民族强大起来，仅有健康的体魄是不行的。鲁迅讲了一段在日本学医期间的故事："有一回，我竟在画片上忽然会见我久违的中国人了，一个绑在中间，许多站在左右，一样是强壮的体格，而显出麻木的神情。据解说，绑着的是替俄国做了军事上的侦探，正要被日军砍下头颅来示众，而围着的便是来赏鉴这示众盛举的人们。"❷在给父亲治病的艰辛历程中，鲁迅认识到了中医的欺骗和落后，他意识到要改变医学的现状，必须学习西医，所以怀着美好的梦想到了日本，打算从日本学完医学回到中国救治像父亲一样被中医所耽误了的病人。然而，这次事件彻底击碎了鲁迅的梦想。他即使医治好了那些被疾病所折磨的人，使其拥有了健康的体魄，但也只能是使肉体苟延残喘，而民族的悲剧性命运毫无意义地在延伸和扩张。

在《药》中，鲁迅对民族悲剧性的揭露达到了极致。国民不仅沉醉于黑暗的铁屋子，自己没有觉醒，而且对于试图摧毁铁屋子，解救他们的革命先驱更是默然无知，甚至在革命者被杀头时，这些国民反倒成了看客。革命者的鲜血还被用来当作医治痨病的良药。华小栓虽然吃了蘸有人血的馒头，但最后还是死了。鲁迅在《药》中用意颇深，他在向人民发出警告，用革命者的鲜血是无法救治疾病的。更深的寓意在于只有同革命先驱一起革命，才能拯救那些濒临死亡或者虽生犹死的民众。所以，他认为要改变民族的现状，首先要改变他们的精神，而改变精神的最直接的方式就是文艺，所以鲁迅提倡文艺运动，从事文学创作。不仅身体力行，而且鲁迅后来还培养了萧红、萧军等一批文学青年。他对自己所塑造的阿Q是"哀其

---

❶ [美]詹姆逊.晚期资本主义的文化逻辑[M].陈清侨，译.北京：生活·读书·新知三联书店，1997：524.

❷ 鲁迅.鲁迅全集（1）·呐喊·自序[M].北京：人民文学出版社，1981：416.

不幸，怒其不争"。他要刻画形形色色、麻木不仁的行尸走肉者，"揭开伤疤，引起疗救的注意"。他要通过文学唤醒沉睡在铁屋子里的人民，拯救国民的灵魂。所以，他给自己早期的作品集起名《呐喊》。鲁迅一方面要唤醒麻木的、沉睡的国民，使他们惊醒，意识到铁屋子的束缚，鼓起冲破铁屋子的勇气；另一方面要为那些在寂寞中探索的革命先行者呐喊助威。这种呐喊也是一种美好的理想，鲁迅凭空在瑜儿的坟头填了一个花环，而华大妈因为自己儿子的坟头没有花环感到空虚。可见，鲁迅早期的作品中包含着浪漫主义色彩，具有乌托邦寓意。

三、民族寓言的现代意义

詹姆逊深入地研究第三世界作品中所包含的民族寓言，其目的是为处于后现代困境中的第一世界文化寻求出路。詹姆逊强调文化与政治的联系，强调知识分子肩负的政治重任。知识分子应该清醒地认识、判断现实，以把握、走向未来。这种思想使詹姆逊清醒地看到美国霸主地位背后潜藏的深重危机。"美国人绝对优势地控制着全球的电影、电视和录像业。然而几乎没有或根本没有证据来支持这样的假设，即普遍的全球通信的出现正在导致观点和信仰的趋同……目前，现代化已是一种全球性的现象，所有的文化都在朝现代化迈进。从这个意义上说，西方世界和别的世界的差异正在消失。然而现代化并不一定意味着西化。有许多迹象表明，现代化加固了现存的文化，因而使文化间的差异永远存在。"[1]

为了使后现代文化走出困境，第一世界必须以第三世界文化为参照坐标，重建美国认为已经过时，并被现实抛弃的社会集体意识。詹姆逊指出社会主义文学和文化中包含着能够预示未来社会形式的合理成分。虽然詹姆逊称之为乌托邦，但是这种乌托邦文本至少提供了一种逻辑上可能的形式，提供了社会发展的可能前景。社会主义文学中的乌托邦文本在其自身内部描写了苦难的现实，对苦难的表达就已经表达出消灭苦难的愿望，要实现这种愿望就需要积极的革命斗志，革命的精神即是推动社会前进的动力。

通过分析普拉东诺夫的《切文古尔镇》，詹姆逊指出正是在社会主义国家现实的乌托邦形式中发现了蕴含在现实社会中的积极的文化元素，这些

---

[1] [美]塞缪尔·亨廷顿.再论文明的冲突[J].李俊清，编译.马克思主义与现实，2003(1): 39-44.

积极的文化元素在西方艺术作品中根本不存在,因为在这些乌托邦形式中深藏着彻底的破坏力量。时间上落后于第三世界的第一世界革命运动比第三世界更具有先锋精神和彻底的破坏力量。第三世界蕴藏的革命潜力会带动第一世界的人们起来反抗不合理的现实,建立公平合理的社会制度。詹姆逊认为,在19世纪和20世纪初,第三世界受到第一世界政治和军事的剥削,但前者的生产模式并未完全转化成资本主义的生产模式,而是大致上原封不动。第三世界虽然处于被动地位,但还是保留了自身的特色,并反作用于第一世界。处于劣势地位的第三世界仍然保持着文化的强势力量,对第一世界产生了积极的影响。

詹姆逊这种分析的深刻之处在于,他依据经济基础和上层建筑之间的不平衡关系,正确地认识到文化的先导作用:文化能够走在前面,预示尚未存在的生产方式的未来形式。鉴于此,民族寓言所发出的呼声号召人们起来改变自己的命运。詹姆逊从马克思对巴黎公社的分析中解读出社会进步的规律,新的社会关系在人们意识到之前就已经在旧的社会关系中萌芽。萌芽的种子借助外力才能在土壤里成长起来,知识分子的任务是敏锐地把握这种新生的力量推广开来。鲁迅做到了这一点,他把文艺作为投枪和匕首,与敌人进行殊死搏斗;同时,用文艺唤起了无数青年的革命热情。詹姆逊也试图这样做。

对于第三世界的知识分子来说,这种文化的政治任务就是改造民族被压迫、被剥削的命运;同时客观地分析判断后现代文化的强大的渗透力量,抵御第一世界的文化渗透和侵蚀;借鉴当前人类文明的优秀成果,在博采众长的基础上建设中国当代的新文化。

詹姆逊的民族寓言理论及由此引发的对于当代知识分子重任的思考,成为我们建构当代文论思想,思考民族精神问题的参照系。如果我们参照他者的视角和评价来重新审视民族精神的内涵,就可以获得更深入的认识和领悟。置身于制度之外来考察本身的制度,才能摆脱"不识庐山真面目,只缘身在此山中"的视野的局限和尴尬。只有放眼全球,站在顶峰,我们才可以"会当凌绝顶,一览众山小",才能够超越经验和视野的局限性,获得更准确的认识和判断。这对我国当代文论和文化建设具有重要的意义。

第三节　民族寓言：鲁迅文学作品意义的解读

寓言作为一种文学表达方式，最初往往以讲故事的形式传达人生哲理、生活经验，或者进行道德训诫、说教。寓言故事主角大多是动物、植物甚至是微生物，以拟人的艺术手法讲述这些事物生命历程中的奇遇，使人在故事的结尾获得哲理性的思考和感悟。叙述者往往采取言在此而意在彼的艺术创作手法，由此形成的言意之间的关系是断裂的。叙述者讲故事的目的不是关注故事本身意义，而是借助故事阐述生命哲理或者警示世人。与最初不同的是，现代寓言的主人公往往是人本身，通过讲述个体的生活、思想、情感和人生经历，隐喻个体背后的民族群体生活的普遍形态，同时揭示影响个体命运的深层社会因素和文化背景。故事和故事背后的隐喻意义是密切相关的，故事本身也成了寓言的重要内容。寓言的字面层与意义层之间形成二元互动的动态关系，使得文本能够表征故事深层的社会生活的内涵和意义。由此，现代寓言具有了多重解读性和思想性，对于个体的叙事同时隐含着对于民族命运和未来的关怀与忧虑。现代寓言演变成为一种民族寓言，鲁迅的作品成为民族寓言的最佳例证。

一、"精神胜利法"的民族寓言

鲁迅的文学作品是内涵丰富、意义深远的民族寓言。从这方面出发，他作品的首要任务是揭示国民麻木愚昧的灵魂，唤醒沉睡于"铁屋子"中的人们，以拯救中华民族于危难之中。鲁迅的作品具有强烈的人文关怀精神，叙事的源点不是民族命运、国家兴旺和社会变迁等宏大主题，而是四处飘零的无业游民、社会最底层的弱势妇女、迷茫彷徨的小知识分子、手无寸铁的学生和充满精神幻觉的狂人等。鲁迅以沉痛的笔调书写着阿Q、魏连殳、吕纬甫、祥林嫂等不同阶层、不同领域的形形色色的个体的沉沦、迷茫、彷徨、痛苦甚至理想破灭的艰难生命历程。这些芸芸众生在个体生命历程中的苦难、艰辛、奋斗、挣扎甚至牺牲是鲁迅作品关注的焦点。鲁迅借助文学作品展示了他们各自不同的生活境遇以及同样结局的悲剧命运，这些个体生命历程不仅表征了社会历史的深层政治形式，而且揭示了中华民族所特有的文化惯例。由此，鲁迅把叙述的个体问题提到了全民的高度，从一个集体生活的角度来讲述个体的命运。一个个个体的悲剧命运中，蕴含着鲁迅对整个中华民族现状的忧虑和对民族未来的关注。鲁迅作品中人物的个体命运沉浮起落成为民族繁荣与衰败的写照，他笔下的个体生命的叙事表征了民族的命运，在更深层意义上折射出整个民族的生活面貌和社会的苦难现实，暗示了像个体一样的民族在整个世界中的处境和地位。正是在此意义上，詹姆逊认为，"第三世界的文本，甚至那些看起来好像是关于个人和力比多趋力的文本，总是以民族寓言的形式来投射一种政治：关于个人命运的故事包含着第三世界的大众文化和社会受到冲击的寓言"❶。

这种民族寓言的最佳例证是鲁迅的《阿Q正传》，阿Q在其言行中表现出来的"精神胜利法"成为中国式精神和中国人人生态度的写照。"精神胜利法"包含着个人极其复杂微妙的心理内容，甚至以自相矛盾的形式集中体现在个体身上。由于阿Q没有"行状"，所以在受到别人的嘲笑时，他眼睛一瞪，说道："先前——比你阔得多啦！你算是什么东西！"这时，阿Q似乎觉得还不过瘾，他又发挥了自己更丰富的想象力，"我的儿子会阔多啦！"在文本中，"先前"和"儿子"是历史和未来的象征，历史和未来的"阔"更凸显出阿Q在"现实"生活中的缺席，当他无法把握和支配自己的现实生活时，就以幻想的方式虚构了一个辉煌的历史和一个灿烂的未来。缺席的"现实"与"辉煌的历史"和"灿烂的未来"形成极其鲜明的对照，更彰显了阿Q生活的悲剧色彩。在困顿生活重压下的阿Q只能借助想象获得精神的满足。但当走出自己的心理世界，面对残酷的现实时，阿Q的精神遭到了沉痛的打击，他心理虚幻的胜利也被彻底击败了。于是，面对强敌时阿Q的自我安慰，演变成了一种自轻自贱。当闲人打了阿Q，心满意足地得胜走了后，阿Q也会为自己找到得胜的理由，他安慰自己"我总算被儿子打了，现在的世界真不像样……"这样，他自己觉得似乎占了便宜，打他的是他的儿子，他又在心理上得胜了。打阿Q的是自己的儿子，他自然是儿子的父亲。"父亲"在中国传统文化中是权力和威严的象征，"儿子"则屈从于父权，地位低下。这样，阿Q在想象中享受了父亲的身份带来的满足，似乎自己真的占了便宜。后来，对手知道了阿Q的这种"精神胜利法"后，再打阿Q的时候，便让他承认自己是畜生，甚至是虫豸。但是，

---

❶ ［美］詹姆逊.晚期资本主义的文化逻辑[M].陈清侨，等译.北京：生活·读书·新知三联书店，1997：523.

当他承认后对手还是没有放过他,还是让他磕了五六个响头。然而令人惊奇的是,不到十秒钟,阿Q也心满意足地得胜走了。因为他是第一个能够自轻自贱的人,除了自轻自贱外,余下的就是"第一个"。尤其是当他的钱被偷后,他用自己的右手用力地打了自己两个嘴巴,打完之后他心满意足地躺下了,因为似乎被打的是别人,打人的是自己。当受到对方的嘲笑、欺负和愚弄时,自轻自贱成为他精神得胜的"武林秘籍"。然而,阿Q的"精神胜利法"又表现出自高自大的一面。他欺负比自己更加弱小的人,向小尼姑吐唾沫,伸手去摸小尼姑新剃的头发,笑着说:"秃儿,快回去,和尚等着你……"

阿Q自轻自贱和自高自大的矛盾性格的形成有其深刻的文化传统和历史根源,是封建文化和统治阶级意识形态渗透和压迫的历史镜像反映,隐喻了中华民族极其复杂的文化表征和难以表达的心理欲望。长期经受着压迫的中国人将这种压迫看作一种历史的必然,面对强权和欺侮时,不是进行积极的反抗,而是寻求一种内在的心理安慰,以获得精神上的胜利。像阿Q一样的生活中的弱小者,必须具有足够的手段和技巧才能在夹缝中生存下来,而一旦有了时机,他就将自身所受到的不公平强加于其他更弱小者身上。

实质上,阿Q"精神胜利法"是中国社会的一个缩影,是中国式人生态度的隐喻。阿Q的"精神胜利法"本身所传达的意义已远远超越了历史事实所产生的效果,有了一种哲学意味,个体的命运成为民族生活的一个缩影,个体的悲剧成为民族悲剧的象征,个人的呼声隐喻了民族要求崛起的愿望。在这种意义上,鲁迅笔下的人物虽小,但是寓意重大而深远。与叱咤风云的英雄相比,这些小人物的悲剧命运更令人扼腕和深思,他们的牺牲揭露了历史进程中所付出的沉痛的血的代价,暗示了中华民族受到冲击的现实,同时,也彰显出了中华民族顽强的生命意志。

二、"药"的隐喻和象征

鲁迅笔下的中药是中国封建文化愚昧落后的隐喻,集中表现了其富有欺骗性和剥削性的本质。对于中药和中医鞭辟入里的认识,源于鲁迅为久病的父亲求医问药的亲身经历。"我有四年多,曾经常常,——几乎是每天,出入质铺和药店里,年纪可是忘却了,总之是药店的店台正和我一样高，质铺的比我高一倍，我从一倍高的柜台外送上衣服或首饰去，在侮蔑里接了钱，再到一样高的柜台上给我久病的父亲去买药。"❶接下来，鲁迅又要忙着去寻找特别难得的药引子，如冬天的芦根，经霜三年的甘蔗，最奇异的当为原配的蟋蟀一对。久受病痛折磨的父亲吃了昂贵、稀奇、怪异，甚至有些神秘色彩的中药后，病情还是恶化了，最终在渐趋渐弱的喘息声中亡故。

为了救治像父亲一样被中医和中药延误、经受病痛折磨的病人，并且在战争时当军医，鲁迅立志学习西方先进的医学知识，所以，他选择了仙台医学专门学校。可是，一次看电影的经历使鲁迅彻底改变了学医的初衷。在电影中，他看到了鉴赏杀人盛举的无动于衷的中国人，虽然他们有强壮的体格，但是却露出麻木的神情。从此以后，鲁迅清醒地认识到"医学并非一件紧要事，凡是愚弱的国民，即使体格健全、强壮，也只能做毫无意义的示众的材料和看客，病死多少是不必以为不幸的"❷。所以，鲁迅改变了学医的初衷和治病救人的抱负。

鲁迅清醒地意识到要想拯救国民，首要的是改变他们的精神，"而善于改变精神的，我以为当然要首推文艺"。由此，鲁迅果断地转向了文艺，他希望借助文艺诊断国民的精神病症，揭开伤疤，以期"引起疗救的注意"。同时，他满怀期待地把文艺看作医治国民愚昧落后、麻木不仁的"灵丹良药"。由此，美国著名的马克思主义学者弗雷德里克·詹姆逊认为鲁迅不仅是一个作家，同时也是一个诊断家和医治者。

在西方新思想和新科学知识的启蒙下，鲁迅逐渐悟出中医不过是有意地或无意地行骗。在鲁迅的小说中"中药"成为中国封建文化悖论的隐喻和象征。封建礼教"吃"掉了身体健康的祥林嫂、狂人、阿Q和魏连殳等人，却努力使濒临死亡的生命在痛苦中延续。作为中国独特的"孝"文化，孝子们在父母临死之前也要"买几斤人参，煎汤灌下去，希望父母多喘几天，即使半天也好"❸。后来，鲁迅学西医时清楚地了解了医生的职务："可医的应该给他医治，不可医的应该给他死得没有痛苦。"❹

---

❶ 鲁迅.鲁迅全集（1）·呐喊自序[M].北京：人民文学出版社，1981：415.
❷ 鲁迅.鲁迅全集（1）·呐喊自序[M].北京：人民文学出版社，1981：416.
❸ 鲁迅.鲁迅全集（2）·父亲的病[M].北京：人民文学出版社，1981：288.
❹ 鲁迅.鲁迅全集（2）·父亲的病[M].北京：人民文学出版社，1981：288.

昂贵的中药不仅没有治好父亲的病，还使得遭受了变故的家庭由小康坠入困顿。病者已死矣，生者则遭受了经济困乏的煎熬。有了这种刻骨铭心的亲身体会，鲁迅对于中药的印象更加深入。他在作品中多次提到了中药的昂贵，以及昂贵的中药给家庭带来的沉重的经济负担和压力。在《弟兄》中提道，"月生便知道他很着急，因为向来知道他虽然相信西医，而进款不多，平时也节省，现在却请的是这里第一个有名而价贵的医生"❶。《药》中写道："华大妈在枕头底下掏了半天，掏出一包洋钱。"❷老栓"按一按衣袋，硬硬的还在"❸。这些家庭和鲁迅的家庭一样，为了所谓的"灵丹妙药"几乎耗尽了全部的家资，最后，病者还是在延长了的痛苦中死去。这无疑揭示了中医的欺骗性和掠夺性，当然，更深层的内在原因是传统文化的落后性和愚昧性。

三、"吃人"的寓言

玄妙的中医试图医治一个个濒临死亡的病人，却使得病人在难以忍受的痛苦中苟延残喘，最具有悖谬的封建文化吞食了一个个身体健康的人，《祝福》中祥林嫂是被传统文化吃掉的一个最明显的例证。祥林嫂是中国社会底层妇女的一个典型代表，她的命运和苦难预示了"吃人"现象的普遍性。《祝福》中鲁迅两次提到祥林嫂胖了：第一次是祥林嫂死了丈夫，来到鲁四老爷家。她"做工却毫没有懈怠，食物不论，力气是不惜的。人们都说鲁四老爷家里雇着了女工，实在比勤快的男人还勤快。到年底，扫尘，洗地，杀鸡，宰鹅，彻夜的煮福礼，全是一人担当，竟没有添短工。然而她反满足，口角边渐渐的（地）有了笑影，脸上也白胖了"。第二次是她被婆婆抢回，卖给了贺老六，卫老婆子听别人说祥林嫂胖了。作为一个处于社会底层的中国农村妇女，祥林嫂承受着社会和家庭的层层压迫和剥削，一再经历人生的变故和打击，她却能坚韧地活着，而且易于满足。但即使祥林嫂具有磐石般强壮的身体，她也无法抵挡精神的摧残和折磨。死过两个丈夫的祥林嫂因为有罪，不能祭祀祖先。祥林嫂以为捐了门槛可以为自己赎罪，却被四婶的"你放着吧，祥林嫂"这句话彻底击垮了。对于祥林嫂

---

❶ 鲁迅.鲁迅全集（2）·弟兄[M].北京：人民文学出版社，1981：133.

❷ 鲁迅.鲁迅全集（1）·药[M].北京：人民文学出版社，1981：440.

❸ 鲁迅.鲁迅全集（1）·药[M].北京：人民文学出版社，1981：441.

来说，这种精神上受到的影响不亚于甚至重于肉体上的疾病。所以她迅速地垮下去，死在了温馨的大年夜。即使死，祥林嫂也没有选择的权利，死在了大年夜对于其他人来说是不吉利的，鲁四老爷认为这就是一个谬种。究竟谁是杀害祥林嫂的刽子手？是鲁四老爷、四婶、婆婆，还是卫老婆子？既是他们又不是他们，因为我们没有看到有谁直接杀害了祥林嫂。其实，是所有力量联合起来的传统文化和封建礼教将祥林嫂一点点地蚕食了。祥林嫂的悲剧是千千万万中国妇女的写照，她的"被吃"是中国政治的文化表征。鲁迅对中国文化中的贞节观念的嘲讽在《药》中表达得淋漓尽致。他为父亲寻找的药引子，"最平常的是'蟋蟀一对'，旁注小字道：'要原配，即本在一窠中者。'似乎昆虫也要贞节，续弦或再醮，连做药资格也丧失了"❶。

如果说《祝福》中祥林嫂的"被吃"是一种隐喻的话，《药》中夏瑜的"被吃"则表征着鲜血的历史和历史前进道路上所付出的沉痛的代价。为了医治华小栓的痨病，华老栓夫妇倾其所有买了蘸了人鲜血的馒头。药成为血淋淋的直接"吃人"的象征。华小栓吃了蘸有夏瑜鲜血的馒头，其中的寓意远远超过了故事本身，它是中国革命的寓言，昭示了被压迫的民族发出的沉痛的呼声。昂贵的中药和天价的"鲜红的馒头"都是改头换面了的"吃人"现象，中药和中医只不过是吃人的隐喻。在当时的历史条件下，担负着启迪民众重责的精神领袖孤独前行。小说中的革命者被隐去了名字，我们仅仅知道他是夏家的孩子，夏四奶奶的儿子。笔者认为，鲁迅是有意地抹掉革命者的名字。革命者名字的消失源于其身份的缺失和模糊。阿Q没有自己的姓，在社会中没有任何地位。祥林嫂没有名字，她的代号表明了她只是一个附属品而已。夏家孩子的隐喻更加彰显了民众对于革命者的漠视和无知，而对于革命者被杀头，他们则怀着极大的兴趣。杀人的游戏成为看客乏味生活的点缀和调剂品。这些鉴赏杀人盛举的看客，有的鼠目寸光，有的成为革命的叛徒。夏三爷先告官，所以避免了满门抄斩；康大叔因为没有得到好处而耿耿于怀；阿义把夏四奶奶儿子剥下来的衣服都拿走了。思想的启蒙者夏瑜的革命活动甚至被别人看作疯子行为，这充分地反映了民众的麻木不仁和不觉醒。中国长期的权力高压、文化侵蚀和愚民政策造就了一大群没有任何自我意识的顺民，他们不仅自己不觉醒，甚至

---

❶ 鲁迅.鲁迅全集（2）·父亲的病[M].北京：人民文学出版社，1981：286.

助纣为虐，去摧毁已经觉醒了的先知——试图将他们从愚昧中拯救出来的革命者。

"寓言精神具有极度的断续性，充满了分裂和异质，带有与梦幻一样的多种解释，而不只是对符号的单一表述。它的形式超过了老牌现代主义的象征主义，甚至超越了现实主义本身。"❶鲁迅的文学作品具有多重的解读性，他讲述的虽然是个体故事，但这些个体故事却最终成为整个民族的呐喊，成为苦难民族的呼号。

第四节 文化革命的寓言与救赎的审美乌托邦

在鲁迅的艺术世界中，文学并不是日常生活的点缀和可有可无的装饰，而是他精心设计、有意创造的精神世界。他充分发挥文学的批判价值和启迪作用，力图将思想的启蒙工作演绎成激进的政治革命。于是，鲁迅的作品像投枪和匕首，向一切旧的传统思想道德和反动势力发起了猛烈进攻，并将文学作为唤起民族斗志、解救危机重重的中华民族的强有力的武器。

一、"吃人的隐喻"与"救救孩子"的寓言

鲁迅对中国封建礼教和家长制的批判与攻击集中于"吃人"的寓言。"我翻开历史一查，这历史没有年代，歪歪斜斜的每页上都写着'仁义道德'几个字。我横竖睡不着，仔细看了半夜，才从字缝里看出字来，满本都写着两个字'吃人'！"❷鲁迅从中国的历史中读出了真实的"吃人"现象，易牙蒸了自己的儿子，献给桀纣吃；徐锡麟的心肝被恩铭的卫队剜出炒食。最为令人感到震惊和难以忍受的是，不仅中国历史上存在吃人的陋习，而且这种"吃人"的陋习一直延续到现在，社会上普遍存在"吃人"的现象。在鲁迅的一系列作品中，他所塑造的祥林嫂、魏连殳和子君等一个个艺术形象都被封建礼教、伦理道德所吞噬。如果说他们的"被吃"是象征意义上的"吃人"，是一种文化的隐喻，那么，夏瑜的"被吃"则是"直面淋漓鲜

---

❶ [美]詹姆逊.晚期资本主义的文化逻辑[M].陈清侨，等译.北京：生活·读书·新知三联书店，1997：528.

❷ 鲁迅.鲁迅全集（1）·呐喊·狂人日记[M].北京：人民文学出版社，1981：425.

血的人生"。在《药》中华小栓吃了蘸有夏瑜鲜血的馒头，这是现实生活中实实在在"吃人"现象的最佳例证。于是，在鲁迅的笔下，"吃人"成为中国文化劣根性的隐喻和象征，内在地揭示了封建伦理披着"仁义道德"的外衣，却无情地残害社会底层者，扼杀代表进步力量的新生者的历史真相。

最令人痛恨的是，在中国长期的"吃人"历史中，统治势力和权力集团往往通力合作，将"被吃者"牢牢地掌控在自己的手中，无论"被吃者"如何挣扎，都无法逃脱传统文化所编织的密网。在《狂人日记》中，鲁迅借狂人之口入木三分地揭示了这种隐秘的阴谋。"所以他们大家连（联）络，布满了罗网……""最可怜的是我的大哥，他也是人……而且合伙吃我……"❶精神病患者的幻觉在《伤逝》中得到了证实，封建家庭的叛逆者——子君正是被这把看不见的"文化利剑"所杀害。子君和涓生为了追求自己的幸福，逃出了旧家庭，他们大胆地为了爱而斗争。但是，来自家庭和社会的重重封杀使得子君和涓生寸步难行，最后，涓生丢了工作，而寻找到新的工作又遥遥无期。他们缺乏生命得以延续下去的基本的物质条件，而且，两人之间的隔阂越来越严重，子君不得不重新回到旧家庭，在孤独和寂寞中死去。我们很难直接确定杀害子君的刽子手，她的人生命运和死亡轨迹被无形中存在的力量牢牢控制，并被来自家庭和社会的强权所压制。这种力量在中国专制思想的历史中成为不可攻破的障碍。这种隐秘发展到了极致，他们往往发动所有的力量，将被吃者重重包围，迫使他们自己死亡。"最好是解下腰带，挂在梁上，自己紧紧勒死；他们没有杀人的罪名，又偿了心愿，自然都欢天喜地的（地）发出一种呜呜咽咽的笑声。"❷

如果说子君、狂人的妹妹等"被吃者"都退隐到了历史和现实的背后，他们被隐匿地吃掉，悄无声息地消失，那么《狂人日记》中的狂人则发出了反抗的声音，凸显了"被吃者"真实的心理感受和情感体验。鲁迅通过漫画的方式描写狂人的心理历程，这种漫画式的夸张更凸显了个体所处的错综复杂的历史情境和社会关系，从而可以更深入地把握社会和民族的整体性。狂人疯癫的历史真实地记录了"被吃者"内心深处刻骨铭心的恐惧，揭示的是一个民族的伤痛。"吃人"是中国封建制度残酷地压迫人的隐喻。"吃人"的现象发生在不同的社会阶层和不同的领域，而且这种"吃人"的

---

❶ 鲁迅.鲁迅全集（1）·呐喊·狂人日记[M].北京：人民文学出版社，1981：427.
❷ 鲁迅.鲁迅全集（1）·呐喊·狂人日记[M].北京：人民文学出版社，1981：425.

制度还可以冠冕堂皇地摆脱其罪名。最难以解决的关键问题是,"吃人"的主导者联合各种力量,借助于所谓的合法的社会制度掩盖自己的罪行。

这种"吃人"的传统使整个民族的前景令人担忧,所有萌芽的新思想和新行为都将被扼杀。借助"吃人"的隐喻和艺术张力,鲁迅揭示了民族的悲剧和苦难的现实。在沉痛的悲剧后,"吃人"的隐喻渗透了鲁迅对中华民族现状的焦虑和对未来的期待。为了改变中国,拯救处于水深火热中的社会底层人,进而拯救整个中华民族于危难之中,鲁迅发出"救救孩子"的强烈呼声。孩子是中国未来的代表和希望,因此,"救救孩子"的呼声成为革命呼声的隐喻,吹响了革命斗争的号角。

在鲁迅笔下,那些依然天真和纯洁的孩子代表着未来的希望,是鲁迅所畅想的民族精神的继承者和实践者。他在作品中借助魏连殳之口描述这一美好的理想和愿望。"我正想走,门外一阵喧嚷和脚步声……大的八九岁,小的四五岁,手脸和衣服都很脏,而且丑得可以。但是连殳的眼里却即刻发出欢喜的光来了,连忙站起来,向客厅间壁的房里走……""孩子总是好的。他们全是天真……""不,大人的坏脾气,在孩子们是没有的。后来的坏,如你平日所攻击的坏,那是环境教的。原来却并不坏,天真……我以为中国的希望,只在这一点。"❶虽然沉闷的现实使人窒息,鲁迅还是满怀希望,渴望创造一个美好的未来。他从天真的儿童身上看到了中国的希望。鲁迅相信,"星星之火,可以燎原",因为"他们应该有新的生活,为我们所未经生活过的"。

二、文化革命的寓言:文本的政治解读

"救救孩子"的愿望和对新生活的追求,促使鲁迅把文学作为革命的号角,力图唤起沉醉麻木的国民,激发其革命的斗志。同时,"慰藉那些在寂寞里奔驰的勇士,使他不惮于前驱",为他们的勇往直前摇旗呐喊。这样,鲁迅大声疾呼中国的文人要有正视现实的勇气,要冲破一切传统思想,要敢说、敢做、敢当,创造新的文艺。鲁迅认为:"文艺是国民精神所发的火光,同时也是引导国民精神前途的灯火。"

"鉴赏示众盛举的人们"和"不惮于前驱的勇士"成为鲁迅文学作品关注的两极。"鉴赏示众盛举的人们"是指那些沉睡于"铁屋子"里的未觉醒

---

❶ 鲁迅.鲁迅全集(1)·彷徨·孤独者[M].北京:人民文学出版社,1981:91.

者。鲁迅不遗余力地挖掘沉睡者虽生犹死的灵魂，淋漓尽致地描述其麻木、颓唐、怯懦、懒惰。《药》以工笔细描的方式刻画了华老栓夫妻、康大叔、阿义、驼背五少爷和花白胡子等众生图像。华老栓夫妻为了救治儿子的痨病，买来人血馒头，直到拿到人血馒头，老栓都不知晓儿子吃的"药"是谁的鲜血。这足以看出以华老栓夫妇为代表的群众对革命的麻木不仁和漠不关心，另一个层面也暗示了革命者没有充分地发动群众。夏三爷因向官府控告夏瑜的造反避免了满门抄斩而洋洋自得。花白胡子自以为悟出了人生真谛，他认为夏瑜说的"阿义可怜"是疯话，夏瑜简直是发了疯。阿义连夏瑜被剥下来的衣服都趁机抢走。鲁迅揭露了这些国民的麻木不仁，将深藏于内心深处的一个个"小我"压榨出来。

"疯子""狂人"和精神病患者成为"不惮于前驱的勇士"的典型代表，是鲁迅笔下具有革命潜力的主力军，他们是革命寓言的写照和表征。他们不畏权力的封杀和压迫，以思想先驱的身份，向已经绵延数千年的传统文化和伦理道德发起猛烈的挑战，以异乎寻常的方式揭示了其"吃人"的本质。他们被社会视为异类和变态者，受到旧势力的排斥甚至迫害。他们的牺牲是历史进程中的悲剧，他们的理想与现实之间的冲突和矛盾形成文本之间的张力，隐喻了专制制度的不合理。正是借助于疯人和精神病患者的疯话、幻觉、想象、错觉和梦境等异常行为，鲁迅彻底地批判了传统礼教的荒谬和乖离。

在这样一个普遍"吃人"的社会中，鲁迅要发起一场轰轰烈烈的文化革命和思想变革运动。这使得鲁迅的文学具有批判性和强烈的战斗倾向，他充分发挥文学的思想启蒙价值和政治功能，不仅密切地关注中华民族的生存境遇，而且力求为处于危机中的民族寻求解放之路。但是，由于特殊的历史条件和社会情境，拯救国民的肉体不会带来任何真正的效果。所以，革命的首要任务是拯救国民的灵魂，这是鲁迅的权宜之计。长期精神压抑的中国人已经将不合理的认为是理所当然的，将合理的看作"谬种"。这就需要抛弃传统文化中落后的思想观念，重塑中国人的精神家园和情感世界。在此基础上进行有效的革命和变革，所以鲁迅发表了一系列唤醒中国人骨气的战斗檄文。

第三世界的集体生活方式消除了个人与社会的距离，这使得第三世界文化与第一世界文化存在巨大的差异。詹姆逊认为，所有第三世界的文本都可以当作民族寓言来阅读。因为第三世界文化在公与私、政治与个人、社会与个体之间依然保持着密切的联系。在西方发达资本主义社会的小说中，政治是缺席的，在文学中讲述政治内容被认为是与文本不协调的。在当前美国文化中所缺失的政治性却依然存在于中国的文学作品中。鲁迅一直强调文学的革命意义，这一点与詹姆逊的上述文艺观不谋而合。

鲁迅的文学作品实践了詹姆逊的文艺观，在审美的基础上承担着历史——文化政治使命，以审美的形式反映民族的苦难，探寻民族的未来。他在描述人物的个体命运和遭遇时，总是透漏出背后强大的社会力量。人物就是在各种社会力量的共同压迫之下艰难地生存。个体的毁灭来自不可抗拒的社会力量。这样在人物的喜怒哀乐中就反映了重大的社会政治问题。祥林嫂、阿Q和夏瑜等人物悲剧性的命运背后包含着丰富的政治内涵，是一个时代政治内容的抒写和解剖。"鲁迅在思考中国根本的和终极性的问题时，往往将它们与具体的人生问题联系起来进行考虑，这就使他小说中个人的人生道路问题往往与民族的政治命运紧密相连。"[1]鲁迅从个体的命运出发，借助文本的隐喻和艺术的审美张力，使本文具有政治性意义，因此鲁迅的政治思想能牵动千万普通大众的心。他笔下的形形色色的人物就在我们周围，甚至就是我们自己，这使读者产生深深的共鸣。

在詹姆逊那里，美学的最终归宿是政治。他提出从政治社会和历史的角度阅读艺术作品不是着手点，"相反，人们应从审美开始，关注纯粹美学的、形式的问题，然后在这些分析的终点与政治相遇。""我却更愿意穿越种种形式的、美学的问题而最后达到某种政治的判断。"[2]鲁迅作品的目标是社会的政治结论和政治判断。在此基础上，鲁迅更倡导文化革命和社会革命。

三、救赎的审美乌托邦

作为一位文化病症的医治者和疗救者，鲁迅力图准确地诊断社会病症，揭露造成社会落后的传统文化的种种弊端，试图找到解决这一问题的方法。鲁迅文学作品所包含的独特丰富的民族寓言是其文化政治革命的集中写照。他要借助文学进行思想启蒙，发动文化政治革命，拯救危机重重的中华民族，因此，他的文学的核心任务是救赎。知识分子在充满荆棘的前进道路

---

[1] 赵小琪，李朝明.鲁迅小说的寓言性[J].鲁迅研究月刊，2000(5)：30-33.
[2] 王逢振.詹姆逊文集·文化研究和政治意识[M].王逢振，译.北京：中国人民大学出版社，2004：7.

上总会遭遇困境。面对根基深厚的传统文化和鲜血淋漓的现实，鲁迅在充满战斗精神的《呐喊》结集之后，又出版了《彷徨》。

但是，由于中国特殊的历史过程和现实语境，中国知识分子形成了不同于西方知识分子的文化心态。"在今天的世界上，中国处于一种明显独特的境遇，在这种境遇里，尽管知识分子中间有些人空前地沮丧，但沉积在各种（社会主义的和非社会主义的）现代化范式中的集体希望仍然完好无损，而所有的教条主义此后却无一例外地受到怀疑。知识分子面临着机会，可以产生一种使命感，颇有启示地不同于东欧的情况；在东欧，一种对西方政治和经济范式的教条信念，与对现代化作为整个社会进步的前景的彻底失望结合在一起。"❶詹姆逊虽然来自国际上处于强势地位的美国，但是他却客观而中肯地看到了中国知识分子所具有的优势，深重的灾难和危机的时刻，更激发了中国知识分子的使命感和责任感。鲁迅的思想历程恰恰是这种观点的最佳写照。虽然暂时陷入思想的低潮，但是，鲁迅依然保持着一种历史责任感和社会使命感，他一直将"拯救"作为自己的重任。在巨大的现实困境面前，鲁迅也会抱着一种乌托邦理想，点亮一道希望的曙光。所以，他不惜改变了自己以往严峻的写实风格，"不恤用了曲笔，在《药》的瑜儿坟上凭空添上一个花环，《明天》里也不叙述单四嫂子竟没有做看见儿子的梦，因为那时的主将是不主张消极的"❷。"瑜儿坟上的花环"和"单四嫂子的梦"的乌托邦叙事为苦难的现实增添了些许精神的慰藉，为故事增添了一层浪漫色彩，"聊以慰藉那些在寂寞里奔驰的猛士，使他们不惮于前驱"。在结集时，鲁迅便将其命名为《呐喊》。

在鲁迅的文艺美学世界中，文学虽然来源于现实生活，但它是一个被建构起来的艺术世界。按照亚里士多德的古老的文艺观，诗所表现的是可能的和应当有的生活。鲁迅虽然认识到了严峻的现实，总用犀利的笔触去揭露血淋淋的现实，但是，他也在作品中给人物以希望，用想象来点缀灰色的生活，透出一点异样的色彩。夏瑜的母亲在儿子坟前祭祀，痛不欲生的时候，忽然发现了在坟上排得整整齐齐的一圈红白的花。这个乌托邦结局的预设是鲁迅的希望所在，同时，也是一种暗示，它暗示了在黑暗的现

---

❶ 詹姆逊文集·文化研究和政治意识[M].王逢振，译.北京：中国人民大学出版社，2004：414.

❷ 鲁迅.鲁迅全集（1）·呐喊·自序[M].北京：人民文学出版社，1981：419.

实中仍然存在着可塑的未来，在绝望中仍然渴望审美超越和救赎。这是鲁迅思想中的乌托邦精神的体现，他力图借助文学的审美形式实现文化的救赎。从这种意义上讲，我们可以将鲁迅文学作品的意义看作救赎的审美乌托邦。布洛赫把"乌托邦精神"看成"革命的灵知"，这种观点可以说是对鲁迅文艺观的一个极佳的注脚。

称鲁迅的作品为乌托邦并非指他的文学世界完全是虚幻的和想象的。他的作品包含着一种乌托邦理想和乌托邦精神，这种思想主要借助丰富多彩的人物形象和生动的故事情节传达出来。鲁迅的审美乌托邦的救赎主要分为两个向度：一是对现实社会的激烈批判和对麻木国民的揭露；二是畅想一个更加合理的社会制度，并为之而努力奋斗。乔多柯夫说："乌托邦冲动是对现存社会状态的反应并试图超越和改变那些状态以达到理想状态的尝试。它总是包含着两个相互关联的因素：对现存状态的批判与一个新社会的远景或更新的方案。"❶从这种意义上可以说，鲁迅作品中的乌托邦精神集中体现了进行审美救赎的文化批判功能。鲁迅的文学在唤醒国民革命意识和热情方面起着巨大的作用，唤醒了像刘和珍君一样的热血青年的爱国热情。因此，他的文学中潜藏着革命的力量和火焰，在审美形式背后蕴含着革命的内容。

"人们之所以关注灵魂，是为了能够控制通向拯救的道路。"❷鲁迅倾其毕生的精力从事着灵魂的拯救工作，他为孤军奋战的斗士摇旗呐喊。虽然黑暗的现实和恐怖的氛围包围着鲁迅，但是，作为一位肩负重任的知识分子，他从未放弃希望和理想，"然而几个人既然起来，你不能说决没有毁坏这铁屋子的希望"❸。

---

❶ 汪行福.乌托邦精神的复兴——西方马克思主义对乌托邦的新反思[J].复旦学报(社会科学版),2009(6):10-18.

❷ [德]卡尔·曼海姆.意识形态与乌托邦[M].北京：华夏出版社,2003:22.

❸ 鲁迅.鲁迅全集(1)·呐喊·自序[M].北京：人民文学出版社,1981:419.

第五节　希望的寓言与乌托邦叙事

中国现当代文学书写的主流是与社会发展和革命进程密切相关的集体经验，所以具有广泛的群众基础和直接的实践经验。正是在这层意义上，西方马克思主义学者詹姆逊高度评价了作为第三世界文本的中国文学。在《处于跨国资本主义时代中的第三世界文学》中，他论述道，"第三世界的文本，甚至那些看起来好像是关于个人和力比多驱力的文本，总是以民族寓言的形式来投射一种政治：关于个人命运的故事包含着第三世界的大众文化和社会受到冲击的寓言"❶。詹姆逊认为，西方当代资本主义文化中，公与私、文学与政治、集体与个体之间存在鸿沟，导致了个人空间与公共世界的断裂。相反，第三世界文本的伟大之处在于个人叙事中蕴含着对社会和集体的关注。第三世界的知识分子反复地强调"我们"这个集合词，希望在自己的民族环境中做得更好，把问题提升到了"人民"的高度。从这个意义上看，第三世界的作家可以称为公共知识分子。公共知识分子作为社会进步力量的先锋军，肩负着社会道义或兼济天下的重任，致力于推动社会的进步，为社会的发展描绘美好的蓝图，以实现人类最终的福祉。作为中国公共知识分子的伟大作家鲁迅则是最佳的例证。

一、为人生的文学

鲁迅时刻关注着公共领域的一切问题：国民性的改造、小资产阶级知识分子精神的苦闷、妇女解放、底层人民的生活和孩子的未来等。由于同情生活于水深火热之中的民众，具有社会担当的文艺家们不断地探寻能够改变现存秩序的有效方法。这就需要从现实生活出发，客观地反映真实的生活面貌，揭示造成悲剧的社会制度的不合理之处。于是，鲁迅提倡文艺反映现实、书写人生。他说："现在的文艺，就在写我们自己的社会，连我们自己也写进去；在小说里可以发现社会，也可以发现我们自己，以前的文艺，如隔岸观火，没有什么切身关系；现在的文艺，连自己也烧在这里

---

❶ [美]詹姆逊. 晚期资本主义的文化逻辑[M]. 陈清侨，等译. 北京：生活·读书·新知三联书店，1997，523.

面，自己一定深深感觉到；一旦自己感觉到，一定要参加到社会去！"❶鲁迅以犀利的笔锋揭穿了惨淡的现实生活中"习以为常"的各种"荒谬行为"，熟视无睹的事件背后隐藏着震撼心灵的悲剧。

在谈到自己为什么写小说时，鲁迅说他是抱着启蒙主义的目的，文学不仅要书写人生，更重要的是改良人生，他憎恶"为艺术而艺术"的消遣的闲书。"所以我的取材，多采自病态社会的不幸的人们中，意思是在揭出病苦，引起疗救的注意。"❷从这种目的出发，鲁迅作品中故事的主角多是形形色色的社会底层人。这些小人物虽然各自上演着不同的人生故事，但都承受着肉体和精神的双重重压。更可悲的是他们或者对于生活麻木不仁，如阿Q、祥林嫂、华老栓夫妇等；或者对于前途茫然迷惘，如魏连殳、涓生、子君等。受新思想影响的鲁迅，深刻地意识到国民的这种麻木和沉默源于长期封建思想的高压和专制统治的毒害。于是，他将文艺的目标集中于打破铁屋子，唤醒沉睡的人们，以推动社会改革的步伐。马尔库塞曾说过，艺术不能改变世界，却能改变推动世界变革的男人和女人们。鲁迅立志弃医从文的目的恰恰在此，他希望借助于文艺医治国民的精神，改变鉴赏杀人盛举的国民的冷漠，发动社会革命，改变不合理的现实。

于是，在鲁迅的研究视域中，文学承担起革命启蒙和政治解放的双重重任。鲁迅认为文学家虽然说的是社会的话，但是他们的感觉更灵敏，社会还没有感到，许多先进的文学家已经感到了，先说了出来。在西方，人们将诗人称为"先知"，也是在这个意义上说的。所以，文学可以走在时代的前列，文学家可以成为思想的先锋军，唤醒沉睡的革命力量。正因为文学家的思想具有先进性和超前性，他说出的未来危害了政治家的利益，所以遭到了政治家的迫害。"统治者也知道走狗的文人不能抵挡无产阶级革命文学，于是一面禁止书报，封闭书店，颁布恶出版法，通缉著作家，一面用最末的手段，将左翼作家逮捕，拘禁，秘密处以死刑，至今并未宣

---

❶ 鲁迅.鲁迅全集（7）·集外集·文艺与政治的歧途[M].北京：人民文学出版社，1981：119.

❷ 鲁迅.鲁迅全集（4）·南腔北调集·我怎么做起小说来[M].北京：人民文学出版社，1981：512.

布。"❶ "单是禁止,这不是根本的办法,于是今年有五个左翼作家失踪了,经家族去探听,知道是在警备司令部,然而不能相见,半月以后,再去问时,却道已经'解放'——这是'死刑'的嘲弄的名称——了。"❷政治家对无产阶级文学的高压政策,充分地说明他们是惧怕文学家的,因为文学家的革命文学起到了积极的思想启蒙和宣传作用,对其统治的稳定构成了强有力的威胁。伊格尔顿的话可以印证这一点,"诗歌一词也就不再仅仅是一种在技巧上有一定格式的写作,它具有深刻的社会含义、政治含义和哲学含义;统治阶级一听到诗这个字很可能真的要伸手拔出手枪。文学成了一种完整的对抗思想,而'想象'本身也变成了一种政治力量"❸。

虽然政治极度厌恶文学,政治家打击、迫害文学家,但是,政治家的屠杀并没有灭绝革命的火焰,没有将文学赶尽杀绝,后来还是革命了,社会还是变动了,文学还是延续下来了。"然而我们的这几个同志已被暗杀了,这自然是无产阶级革命文学的若干损失,我们的很大的悲痛。但无产阶级革命文学仍然滋长,因为这是属于广大劳苦群众的,大众存在一日,壮大一日,无产阶级革命文学也就滋长一日。"❹政治家对于文学家的迫害恰恰证实了他们内心对于文学的恐惧,也从反面说明了无产阶级革命文学的强大力量。这也是鲁迅坚持文学启蒙救国的原因所在。鲁迅的审美启蒙与席勒的审美教育理想有异曲同工之妙。席勒试图借助审美教育培养公民完整的人格,进而达到改造社会的目的。鲁迅希望通过文学唤醒长期受到文化毒害和政权压抑而变得精神麻木的群众,拯救国民的精神,以促使精神获得解放的国民奋起拯救危难重重的中华民族,最终实现社会的变革。

所以,鲁迅主张文艺应同革命一道肩负起社会革命的重任,因为文艺与革命同样具有不安于现状的同一性。但是,中国长期以来形成的传统文

---

❶ 鲁迅.鲁迅全集(4)·二心集·中国无产阶级革命文学和前驱的血[M].北京:人民文学出版社,1981:282.

❷ 鲁迅.鲁迅全集(4)·二心集·黑暗中国的文艺界的现状[M].北京:人民文学出版社,1981:286.

❸ [英]特里·伊格尔顿.文学原理引论[M].刘峰,译.北京:文化艺术出版社,1987:24.

❹ 鲁迅.鲁迅全集(4)·二心集·中国无产阶级革命文学和前驱的血[M].北京:人民文学出版社,1981:283.

化和思想观念是万难打破的，中国进行革命也是极其艰难的。鲁迅说："可惜中国太难改变了，即使搬动一张桌子，改装一个火炉，几乎也要流血，而且即使有了血，也未必一定能搬动，能改装。"❶鲁迅目睹了反革命的淋漓鲜血，他也曾经深深地陷入精神的迷茫和彷徨。但是对于国民深切的爱激励着他不断地寻求救赎的方法。然而在探索的路上，难免会迷失方向，犹豫徘徊。鲁迅还是在痛定思痛后，选择了继续前行，"然而几个人既然起来，你不能说决没有毁坏这铁屋子的希望"❷。

二、"希望"的寓言

"希望"的寓言成了鲁迅创造未来的道路，是"黑暗王国里的一线光明""我虽然自有我的确信，然而说到希望，却是不能抹杀的，因为希望是在于将来，决不能以我之必无的证明，来折服了他之所谓可有……"❸"现在我所谓希望，不也是我自己手制的偶像么？"❹"而忽而这些都空虚了，但有时故意地填以没奈何的自欺的希望。希望，希望，用这希望的盾，抗拒那空虚中的暗夜的袭来……"❺

文学不仅仅反映现实生活，表现生活中的各种悲剧和苦难，而且还借助于艺术想象重塑一个与现实生活迥然不同的理想空间。这个理想空间比现实更合理、更美好，由此给困顿中的人以生的希望。鲁迅作品的伟大之处就在于此，他不仅写出了普通大众的苦难，还写出了普通大众在最艰难困苦的生命历程中不断地探寻新生的"希望"。对于经受着精神和肉体多重压迫和折磨的中国社会底层人来说，他们虽然处于失语状态，却极其坚韧地承受着各种痛苦，哪怕活得惨淡，还是希望寻得一线光明。即使生前受苦，死后也要光明磊落。如处于精神极度困境中的祥林嫂试图抓住生命的最后一根救命稻草，她一直在追问"人死了究竟有没有灵魂"。"灵魂"的有无成了绝望中的祥林嫂的希望。在没有任何办法可以改变自己艰难处境

---

❶ 鲁迅.鲁迅全集（1）·坟·娜拉走后怎样[M].北京：人民文学出版社，1981：164.

❷ 鲁迅.鲁迅全集（1）·呐喊·自序[M].北京：人民文学出版社，1981：419.

❸ 鲁迅.鲁迅全集（1）·呐喊·自序[M].北京：人民文学出版社，1981：419.

❹ 鲁迅.鲁迅全集（1）·呐喊·故乡[M].北京：人民文学出版社，1981：485.

❺ 鲁迅.鲁迅全集（2）·野草·希望[M].北京：人民文学出版社，1981：177.

的情况下，她只能向"识字的""又是出门人"的"我"求证答案。虽然"我"自己向来不介意灵魂的有无，但是想到祥林嫂的处境，"我"却犹豫不决，"或者不如说希望：希望其有，又希望其无……"❶

在此，"希望"成了一种寓言式表达，表达某种不能言说又必须不得不说的事件。这种不可解决的问题的症结正是中国传统文化的痼疾，不仅在肉体方面扼杀处于底层的普通民众，而且在精神领域禁锢他们的思想。鲁迅看透了中国传统文化的害人之处，所以，他不愿做一个杀人帮手。于是，他只能吞吞吐吐地说"也许有罢"。对于这种模棱两可、似是而非的回答，他感到惴惴不安，如果因此而发生别的事，他觉得自己委实该负若干责任。

祥林嫂等人经过诸多努力也无力改变困境的现实，使鲁迅深刻地认识到：根深蒂固的传统文化是万难打破的，"这人肉的筵宴现在还排着，有许多人还想一直排下去"❷，社会的变革困难重重。鲁迅产生了一种深深的幻灭感，他在无法驾驭的世界中孤独地前行，但是公共知识分子的情怀又使得鲁迅在"深夜的旷野"中"呐喊"，力图在无望中探寻拯救国民的希望，面对无可预知的未来奋勇前进。"绝望之为虚妄，正与希望相同"正是鲁迅此时矛盾心绪的最佳表征。他在黑暗中遥望未来，革命的希望在于新的一代。"创造这中国历史上未曾有过的第三样时代，则是现在青年的使命！"❸"扫荡这些食人者，掀掉这筵席，毁坏这厨房，则是现在青年的使命！"❹

《药》中"花环"的隐喻清晰地传达了此种希望。革命英雄夏瑜为拯救处于危难深渊的民族，建立公正合理的社会，赴汤蹈火，义无反顾。但是，革命者的鲜血却被愚昧的群众当作治疗痨病的"特效药"，夏瑜的死也成了以康大叔为代表的麻木的群众茶余饭后的谈资，甚至夏瑜的母亲也不理解自己的儿子。她为儿子上坟的时候，无意间碰到了华大妈时，"有些踌躇，惨白的脸上，现出些羞愧的颜色"❺。在母亲为儿子伤心到快要发狂的时候，突然看到"分明有一圈红白的花，围着那尖圆的坟顶"❻。鲁迅在"瑜儿坟上

---

❶ 鲁迅.鲁迅全集（2）·彷徨·祝福[M].北京：人民文学出版社，1981：7.
❷ 鲁迅.鲁迅全集（1）·呐喊·药[M].北京：人民文学出版社，1981：217.
❸ 鲁迅.鲁迅全集（1）·呐喊·药[M].北京：人民文学出版社，1981：213.
❹ 鲁迅.鲁迅全集（1）·呐喊·药[M].北京：人民文学出版社，1981：217.
❺ 鲁迅.鲁迅全集（1）·呐喊·药[M].北京：人民文学出版社，1981：447.
❻ 鲁迅.鲁迅全集（1）·呐喊·药[M].北京：人民文学出版社，1981：447.

平空添上一个花环","花环"成为革命的寓言,虽然夏瑜牺牲了,但是革命还有后来人,革命之火生生不息。相互比照,华大妈却因为自己儿子的坟只有几点青白小花而感到一种不足和空虚。虽然革命者的行动还没有被广大群众所完全理解,但是逝者的"花环"却让他们感受到了革命者的感染力。这也是鲁迅的希望所在,他希望借此唤起能够推动社会变革的男男女女。

在《故乡》的结尾,"希望"的寓言增添了些许喜剧色彩,成为可以预见的未来。鲁迅认为,社会的希望在于新的一代,他热切地渴望宏儿和水生的下一代与他和闰土过着不同的生活,因为他们"还是一气,宏儿不是正想念水生么""他们应该有新的生活,为我们所未经生活过的"。❶在《孤独者》中,鲁迅借魏连殳之口重申了中国的希望在于孩子,因为"孩子总是好的。他们全是天真……"❷。詹姆逊认为"希望","就是人类永恒的力量,渴求强烈地改变自身以及与此相关的一切,并将自己的存在和社会环境加以乌托邦式的改造"❸。据此,面向未来的"希望",使得鲁迅的叙事具有了乌托邦色彩。

三、乌托邦叙事

研读鲁迅的作品,发现其中包蕴着"希望"的寓言式写作,形成了其"革命+救赎"的独特乌托邦叙事方式。作为一位富有社会良知和责任感的公共知识分子,鲁迅怀着救亡救国的梦想,弃医从文,积极倡导文化革命。他一方面把文学作为启蒙的工具,去唤醒体格强壮但精神麻木的国民;另一方面把文学作为投枪和匕首,带着无限的憎恨,直刺敌人的心脏。文学应该改变这"吃人"的社会,拯救危难深重的民族,发出中国自己的声音。因而,鲁迅的文学同时承担了政治救赎和文化救赎的双重重任。

这种重任的实现在于鲁迅的乌托邦精神倾向于超越充满悲剧的现实,指向美好的未来。乌托邦精神毕竟使人类的未来有了希望。于是,乌托邦精神成为由现实通向未来的光明大道,梦想开始的地方恰恰也是乌托邦的起点。这种精神得以"慰藉那些在寂寞里奔驰的猛士",为不断前进的人类

---

❶ 鲁迅.鲁迅全集(1)·呐喊·故乡[M].北京:人民文学出版社,1981:485.

❷ 鲁迅.鲁迅全集(1)·彷徨·孤独者[M].北京:人民文学出版社,1981:91.

❸ [美]詹姆逊.詹姆逊文集(1)·新马克思主义[M].王逢振,苏仲乐,陈广兴,译.北京:中国人民大学出版社,2004:104.

提供思想的动力和照亮茫茫前程的灯塔。

在鲁迅的作品中,"花环"这个意象淋漓尽致地表达了积极的乌托邦精神。我们讨论的重点不是夏瑜坟上是否真的出现了一个花环,而是鲁迅运用乌托邦的叙述方式刻意设置了这一故事情节。他说自己"不恤用了曲笔","平空"添上一个花环。花环隐喻着革命生生不息,激励着像夏瑜一样在寂寞中孤独奋战的革命者,给他们继续前行的勇气和信心。有了不畏牺牲的革命者的前仆后继的革命行动,鲁迅的乌托邦远景成为一种可以把握的未来。同时,鲁迅为精神处于极度困顿的人提供了一种能够想象的未来的可能性,这种可能性包含着丰富的乌托邦精神。在这些精神面临崩溃的人物身上,这种乌托邦精神不是子虚乌有的,而是为他们的生存提供了精神支柱和活下去的勇气。乌托邦精神成为一种积极的和正面的推动力量。

文学的乌托邦叙事能否转化为改造现实的力量?自德国古典美学始,以康德、黑格尔为代表的思想大师就把文学艺术作为改善人性进而改造社会的有效方式。人类的发展和进化历程也已经证明,文学不仅仅是人类的精神性需要,而且往往能够成为一种身体和生物的机能,具有物质性的基础。所以,文学可以转化成物质能量,产生物质性的实践力量,发挥改造现实的作用。鲁迅的文学作品重塑了国民的精神世界,让更多的人实现精神独立,从思想意识上先站起来。越来越多的受新思想启蒙的刘和珍、夏瑜等从铁屋子中醒过来,为建立更美好的社会抛头颅洒热血。只要有乌托邦存在就说明人类还有抱负和追求,还有理想和信心,还在关注未来。鲁迅文学作品中包含的乌托邦情结不仅仅是对人类未来完美的社会的远景规划和设计,也是一种生命态度和价值取向,成为处于苦难中依然坚持奋斗的人类拼搏精神的另一种写照。

在后现代的个人化抒写,尤其是在身体写作、下半身写作等思潮风起云涌的语境下,鲁迅的公共书写和乌托邦情结具有更突出的价值和意义。对于国民命运的关注和美好未来的期盼,更凸显了鲁迅的人道主义精神。"理想是指引方向的路标,不是看得见摸得着的实体。它指引着我们前进的方向。我们虽然清楚成千上万饥饿的人可能在我们送去粮食之前就已经饿死了,但是我们仍然不会放弃拯救他们的努力。"❶以伊格尔顿对于理想的阐

---

❶ [英]特里·伊格尔顿.马克思为什么是对的[M].李杨,任文科,郑义,译.北京:新星出版社,2011:91.

释来论证鲁迅的乌托邦叙事，他一直在探寻希望，终其一生致力于对国民精神和中华民族的拯救。

第六节　精神家园的缺失与寻找

　　池莉的新作《看麦娘》一改往日写实主义风格，从题材、内容、创作手法方面都进行了新的探索。她早期的作品从《烦恼人生》《太阳出世》到《来来往往》等，写芸芸众生的日常生活，讲述平民百姓酸甜苦辣的故事，写小人物在物质生活条件挤压下艰难的生命历程，意在探索普通人的生命和生存意义。在这些百姓心目中，活着是人生首要内容和重大意义。而《看麦娘》则是对人类精神品质的关注，作品描写了人类在当代语境中面临精神家园的缺失，试图寻找一条重建精神家园的成功之路。生活中物质欲望的过度泛滥排挤了人类生存的精神空间，但是对精神生活的不断追求仍然是知识分子的神圣目标。在精神家园遭到任意践踏和破坏，物质利益与精神价值激烈冲突的社会中，人类需要一个精神导师指引前进的方向，走上希望之路。

　　《看麦娘》不是写实的，整篇小说的内容和创作手法都是象征写意的。该小说以易明莉寻找失踪的女儿容容为线索，寻找容容实际上是寻找精神家园的一种象征。寻找"容容"是易明莉不断追求的信念，也是建设丰富的精神家园有价值的行动，这是一种童话般的寓言，容容是童话的主角。小说名本身就是一种意象，看麦娘是一种狗尾巴草，从"Alopcurus"翻译过来的。易明莉第一次认识看麦娘是在儿时的游戏中，她、上官瑞芳和弟弟把狗尾巴草做成环状的圈，将两个圈套在一起，两人同时用力一扯，谁的狗尾巴草断了，谁就输了，结果弟弟总是赢。在疑惑不解时，父亲告诉他们关键在于挑选什么样的草，也就是要挑选看麦娘，于是，看麦娘成了儿时记忆中最珍贵的。看麦娘把普通的事物贯穿起来，使平庸的生活变得富有诗意，它成为一种意象，象征人类精神力量的永恒不息、绵延不断，是精神缺失的一种补偿，这种补偿是在超越现实生存环境的想象中进行的。上官瑞芳是精神家园的另一种象征，完整的精神家园在她那里得以延续。小说通过容容、看麦娘和易明莉三个审美意象，展现了人类精神家园丧失后主人公不断寻找的过程以及不灭的希望。

容容是本文的第一个审美意象,是易明莉一直在寻找而未找到的女儿。6月21日,是个不吉祥的日子,容容三个月杳无音讯,易明莉决心到北京去找她。在现实生活中易明莉找不到精神的寄托,内心感到一种茫然、一种焦虑、一种孤独,所以要开辟一片精神园地,而容容则是她心中不变的信念,这种信念成为她的精神支柱。因此,当踏上寻找容容的征途时,易明莉内心的孤独、寂寞和焦虑转化为追求精神价值的一种实际行动,她要逃出令她感到沉闷、压抑的世俗环境,离开异化的社会,到精神世界寻找全新的自我;要暂时逃离令她窒息的生存环境,寻求一种精神的整合。"我只是不愿自己的感觉被永远地践踏和漠视"❶,易明莉敏锐地意识到她的孤独无助,因此要通过寻找容容的行动来对抗世俗中的功利价值标准,证实为社会所遗弃的精神价值的永恒魅力。

容容本是一个单纯、活泼、可爱的少女,可是艰难的现实生活使她过早地背上了重担,因此她的心理年龄大大超过了实际年龄。这也是当代社会物欲膨胀,精神生活受到挤压而造成的畸形。人就是处于这种极度变形的社会之中,只能用虚幻的方式去把握社会。容容所追求的男友是一个从未见过面、大西洋彼岸的著名影星基努·里维斯;郝运认为他爱容容,容容也爱他。容容和郝运的相似之处就在于他们都处于虚幻的镜像中,追求着不真实的爱情,他们在现实中无法进行正常的交流,也不能找到心灵上的伴侣,只能在虚幻的想象中实现自己的愿望。

易明莉决心要去寻找容容时,受到重重阻碍。她的丈夫于世杰作为反文化的角色出现,不能说他不是一个好丈夫,只是他时时企图以自己的意识控制易明莉。易明莉也不抱怨自己的婚姻。于世杰的价值判断标准是公共原则和大众情理,所以他始终阻止妻子寻找容容,实际上是阻止妻子进行超越世俗的精神追求。无论于世杰怎样劝说、利诱和阻挠,"我已经决定了今天去北京""可是我还是要去北京寻找我的女儿容容"。❷在现实生活中易明莉被抛弃于孤岛之上,但是她依然坚信自己的目标是正确的,依然相信自己存在的价值,依然要确证精神价值永恒的魅力。易明莉执意打破现实和谐的生活(她有一个还算可以的丈夫,有一份好的工作),从世俗中

---

❶ 池莉. 看麦娘 [J]. 大家, 2001(6).

❷ 池莉. 看麦娘 [J]. 大家, 2001(6).

挣脱出来，追求一种精神上的理想境界。她到了北京没有找到容容，但她做出了行动，收获了精神财富。"没有找到容容，并不等于我没有收获。我觉得收获很大。我的生活被彻底地搅动了一次。""我对人类的命运有了新的感知和新的感受能力。我的步伐稳健而妥当。"❶对于真实生命的体验，对于信念的坚定不移，对于美好明天的期待，这些反而明确了她的奋斗目标。通过寻找容容这一心路历程，易明莉的焦虑、孤独和寂寥消解了，以更超然的态度对抗着世俗文化，"于世杰开着一辆奔驰车，我根本懒得问他借谁的车了"❷。

易明莉、乔万红和郝运都在寻找容容，他们的目的显然是不同的。乔万红、郝运都是为了金钱，为了满足物质的欲望，在他们眼中容容是实在的物体，是可以满足欲望的对象。而易明莉寻找容容的原因很简单，"她是我的女儿"，这是精神价值的追求。现实生活中的易明莉患了"失语症"，她要释放被社会所压抑的激情，她要把无法对象化的精神需求转化为寻找容容的行动，这使得她的内在的焦虑感明朗化了。于是易明莉从幻想、焦虑中走出，试图到现实生活的领域中寻找精神家园。但是这种现实并不是现实生存环境，而是回归童年，回归儿时的游戏，游戏起源于看麦娘。

看麦娘是文章中的第二个审美意象，是主人公心灵中一块"神圣的精神家园"。狗尾巴草以看麦娘这富有诗意的名字命名，使普通的事物罩上一层浪漫色彩。看麦娘代表着一种坚韧的力量和不屈的精神，是人类不断追求的精神家园。在现实生活中无法寻找到精神的对应物，易明莉力图从过去寻找一个适合的对象，寻找可以寄托的精神家园，以便使心灵的焦虑得到缓解。童年的游戏连接了人的情感历程，在回忆儿时游戏的情景时，易明莉觉察到了生命的基础和疆界是由什么来铺垫和限定的，这是别人不能感受到的早年敲响的钟声。上官瑞芳和易明莉爱上了守护父亲麦地的看麦娘，它成了她们心灵的温馨港湾、疲倦时的栖息之地、与之交流的意象，它代表了一种精神力量。看麦娘是狗尾巴草的一种，往往被人忽略，因为从它那儿得不到任何实际利益的满足，独独选它作为意象就有一种反世俗文化精神的倾向。现实社会中物质利益的驱动使人无法进行直接的心灵对话，交流是在超现实的虚幻中完成的。易明莉、上官瑞芳与看麦娘之间的

---

❶ 池莉.看麦娘[J].大家，2001(6).

❷ 池莉.看麦娘[J].大家，2001(6).

沟通是非现实的,把非现实的东西变为合理的,而现实中的东西又不是理性之所在,这是由社会的畸形造成的。这种情感的交流是在想象人与物的对话中完成的,不是双向互动的交流而是单向被动的交流,易明莉只能找到精神家园的栖息地。面对自己的童年、看麦娘时,易明莉的精神是自由的,情感是真诚的。

"看麦娘"是易明莉的精神寄托物。"我"采集两束看麦娘,一束插在上官瑞芳床头的花瓶里,一束放在父亲的坟头上。看麦娘连接了易明莉、上官瑞芳这一代和易明莉父亲上一代,传统的精神之根尚未断裂,在易明莉那里继承下来,虽然不为世俗所容纳,但是在她灵魂深处看麦娘的精神却完整地保留下来。在孤独无法排解时,易明莉就到看麦娘的世界里聆听父亲的教诲,"请你们切记不要践踏我的麦地。它们不是一般的麦子。它们是杂交品种。为什么杂交?因为近亲繁殖容易退化,杂交可以优化小麦的品质,新的品种会更加强健,产量更高,适应性更强,从而对人们的贡献更大"[1]。现代生活的物质欲望践踏了我们的精神家园,只有看麦娘使得灵魂有了"诗意栖居"的精神居住地。

"容容"是易明莉一直在寻找的一种信念,虽然北京之行未得任何结果,但是使易明莉更加坚定了勇往直前的信心。看麦娘是易明莉心中永恒的精神家园、心灵栖息的港湾。无论是容容还是看麦娘都不能和易明莉进行直接的、双向的交流。所以她在现实生活中找到了上官瑞芳。

上官瑞芳是文中的第三个审美意象,她和"我"一起长大,共同守护着看麦娘,守望着明天的希望。但是上官瑞芳疯了,"有一天人们发现上官瑞芳母女赤身裸体,坐在敞开的房间里,上官瑞芳微笑着,在喂她的女儿吃大便"[2]。从大众情理和公众原则来看,上官瑞芳的确是疯了,她做的事情是世俗所不容许的,也不符合常理,因而她被送入疯人院。但是在易明莉心目中上官瑞芳是清醒的,保持着当初的纯洁,她依然年轻,时光老人没有在她的身上留下岁月的痕迹,世俗的污浊没有浸染她的思想。这是一种否定性的肯定,公共原则和大众情理所不认可的东西却是情理之所在。在当代文化语境中,只有在精神病患者那里才能发现真实,而在所谓的正常人那里找到的只是虚假和欺诈,正常的东西被排挤,非正常的东西反而是

---

[1] 池莉.看麦娘[J].大家,2001(6).
[2] 池莉.看麦娘[J].大家,2001(6).

最合理的。疯人表面上是疯的，事实上却是人的精神本质的真实表现。以颠覆了的世界观看世界才能见到生命本真的状态。真实的人生是在虚幻的镜像中窥视到的，疯人的行为抛弃了世俗的偏见是更符合人性的。

上官瑞芳是悲剧性的，她的愤懑在现实生活中无法排遣，只能越出正常的轨道——疯掉。上官瑞芳的生活又是值得羡慕的，只有在她那儿才能找到心灵的宁静。中年护士也认为其实上官瑞芳比我们生活得更好，这是一个是非颠倒了的社会，正常人反而不如非正常人活得好，物质利益的膨胀使得个体变得孤独无助，挤压了自由精神的空间，使得人类的精神家园荒芜。人类没有根基、没有信仰、漂泊不定，上官瑞芳却有着丰富的精神家园，这是有着充分的自由、充满想象力的自由王国，有看麦娘和她共同守护着这片圣土，世俗的污浊都不得沾染一点，她是一朵出淤泥而不染的荷花。易明莉辗转从北京回来，告诉上官瑞芳事情的经过，"当我再一次叹息容容在哪里的时候，上官瑞芳突然说'在想在的地方'"❶。这是一句富有哲理的话，这句话非常清晰，以至于"我"迷惑地看着她，几乎要说她不是一个精神病患者，可她是。在易明莉心中，疯了的上官瑞芳给予她生活当中最宁静的领域。其实上官瑞芳没有疯，疯是因为她对生活有很高的要求，不愿与世俗同流合污。上官瑞芳的内心是清楚明白的，她只是不愿为了世俗的认同而放弃心中的信仰，宁可撕裂肉体，她通过精神和肉体的分裂否定零散化、破碎的现实，达到精神和肉体的统一。易明莉疑惑不解的是"是不是一个人的精神自由实际上远远超过了肉体的生存需要？"❷这个问题无人能解答，只有上官瑞芳是一个例证。"德鲁兹认为伟大的当代英雄只可能是精神分裂的人，只有他才能摆脱一切符码，回到最原始的状态。"❸上官瑞芳在现实生活中无法保持心灵的纯洁，就以自我毁灭的方式对抗世俗文化，成为"神圣的疯狂者"。上官瑞芳的疯狂反映的是一种对社会彻底的不接受，因而易明莉从上官瑞芳那里获得的是精神的支柱，这种精神激励着易明莉不断地探索和前进。

易明莉和上官瑞芳都试图从她们不满意的现实中退出，钻进由她们的

---

❶ 池莉.看麦娘[J].大家，2001(6).

❷ 池莉.看麦娘[J].大家，2001(6).

❸ [美]詹姆逊.后现代主义与文化理论[M].唐小兵，译.北京：北京大学出版社，1997：25.

想象力所构建的世界中，置身于自己营造的精神家园。易明莉把思想的斗争转化为寻找容容的行动，上官瑞芳与世俗社会进行精神的对抗。但是当希望破灭时，二人退出幻想的方式不同，因而有了完全不同的结局。易明莉知道如何寻找回去的道路，所以她再度回到现实生活中，又返回了武汉。虽然北京之行寻找容容未果，但她收获颇多，知道了如何更好地生存下去。上官瑞芳却无法从理想的精神王国重新回到现实生活中，她只能以极端的方式挣脱现实的无形枷锁。

容容、看麦娘和上官瑞芳都是易明莉可以进行心灵交流的对象，是精神价值之所在，而实际上她们似乎又是不可交流的，容容最终未找到，看麦娘只是一种狗尾巴草，上官瑞芳是一个疯子，他们能真正地明白主人公的心意和呼声吗？是社会出了问题，还是人的精神出了问题，莫名其妙的孤独感、精神家园的丧失使得人类陷入了更加尴尬的境地。人需要"众人皆醉我独醒"的精神，能够不为世俗所左右，坚守自己的灵魂不被放逐。在世俗人的眼中，易明莉是个会说话的傻子，但是唯有她自己心里明白"我是可以不说话，可是并不等于我心里没话，更不等于我没有说话。我在心里说话，这就够了"❶。因为崇高的精神境界为世俗所不容，她又鄙视世俗的庸俗，不屑与世俗同流合污，所以她只与自己的心灵对话，不断地寻找容容，守护着看麦娘，守望着上官瑞芳。在这种精神价值缺失的环境中说出来的话都是苍白无力的，唯有精神才是最高洁的。易明莉与上官瑞芳交谈得很少，就那么只言片语便能触及灵魂深处，一切复杂情感都能淋漓尽致地表达出来。文中只有易明莉生活于现实中，容容、看麦娘和上官瑞芳都存在于虚幻的镜像中，以不真实的方式展现真实的人生，他们的存在似乎更符合人的本质，因为在现实生活中，人的本性遭到压抑和摧残，而疯了的上官瑞芳却可以固执地守护着不为世俗所容的精神家园。

在后现代文化条件下，肉体已经成为废墟，美学绝不应仅仅满足于感性学，它更应该思考灵魂的拯救及其现实基础。《看麦娘》是探索和追问人的精神价值的力作，池莉把目光从人的生存能力转向精神追求。海德格尔在分析新时代的技术时指出：事物在技术的统治下成为物质性存在，人们所关注的只是物质的功能性价值，因而，事物的许多具有意义的内容消失了，如生命精神的创造力等。在当代语境中，人直接与物对话，人与人之

---

❶ 池莉.看麦娘[J].大家，2001(6).

间难以交流，因而人感到精神家园的荒芜，有了无根流浪漂泊的孤独感。小说最后并未指出在现实生活中如何实现真正的交流，但是在易明莉心中有一种信念：绝不放弃对精神家园的追求。池莉突破了"活着就好"的界限，对灵魂进行探问，要拯救人类的精神家园。在物欲极度膨胀的现代社会，人类的精神家园是否还具有积极的意义，它究竟应该如何建设，作家试图通过易明莉这一文学形象来解答，虽然最终未找到答案，但是希望还在，有希望就有未来。即使精神家园只剩"我"一个人存在，还有看麦娘的坚韧、上官瑞芳的执着精神在鼓励着"我"，寻找"容容"的行动也不会放弃。

附　教学的理论思考

第一节　马克思主义实践论与"文学概论"教学改革

"文学概论"作为一门理论性较强的课程具有抽象性和概括性的特点，这使"文学概论"课程的教与学存在诸多困难。尤其是在汉语国际教育专业的教学中，这一问题更加突出。这个专业要求学生掌握"双语言"和"双文化"，并最终使学生成为具有国际视野、能从事中外文化交流的复合型人才。如果想在"文学概论"的教学中取得良好的效果就必须突破理论障碍，将马克思主义实践论运用于"文学概论"的课程教学中。

一、实践论在"文学概论"教学中的重要性

在"文学概论"课程的教学中，实践论之所以重要，是因为以下三个方面。

（一）文学理论的本质要求在教学中必须重视实践

童庆炳先生在其主编的《文学理论教程》中提出："文学理论……通过对文学问题的审视，侧重于研究文学中带一般性的普遍的规律，它力图指导、制约着其他分支的研究，但它本身必须建立在对特殊的具体的作品、作家和文学现象的研究基础之上……"[1]由此我们可以得出，文学理论是对文学的基本原理、概念、范畴和相关科学方法的理论阐述和理性分析，但

---

[1] 童庆炳.文学理论教程[M].北京：高等教育出版社，2004：2-3.

这种概括性的理论必须以具体的作家、作品和文学现象为例证。所以，在文学理论的教学中，我们必须将理论的学习与具体的文本分析密切结合起来，这样才能使理论的研究具有根基和具体的对象，而不是从理论到理论的形而上思考。

（二）文学源于生活，而且社会生活是文学的唯一源泉，所以要学好文学理论必须从认识和体验生活入手

社会生活是一切文学创作的源泉，也就是说所有的文学创作活动都离不开生活这个大舞台。现实主义、自然主义、实证主义等文学流派主张文艺要直接地、真实地反映丰富多彩的社会生活，这种观点和立场比较容易被他人接受和理解。那么，富有浪漫主义色彩和充满奇思异想的文学作品是不是对社会生活的反映呢？我们的回答自然是肯定的。这会让许多人不解。其实，这些作品也是对社会的表达和反映，只不过是借助夸张、变形等艺术手段描述了一个人们理想中的世界，说到底是对现实生活的一种间接表达和叙述。借助于对现实生活的改造，这些作品更集中地表达了人类强烈的情感和美好的愿望，是人类精神世界的真实写照。所以"在文学创作中，无论是侧重于社会物质生活的反映还是侧重于社会精神生活的反映，无论是侧重于作家内心生活的抒写，还是侧重于外部生活的描绘，归根结底都是社会生活的反映"❶。毛泽东《在延安文艺座谈会上的讲话》，提出了人类的社会生活"是一切文学艺术的取之不尽、用之不竭的唯一源泉"的著名论断，他还特别强调，"这是唯一的源泉，因为只能有这样的源泉，此外不能有第二个源泉"。这些内容都是强调社会生活在文学创作中的"母体"作用。

马克思提出，"成为希腊人的幻想的基础，从而成为希腊神话的基础的那种对自然的观点和社会关系的观点，能够同自动纺机、铁道、机车和电报并存吗？在罗伯茨面前，武尔坎又在哪里？在避雷针面前，丘比特又在哪里？在动产信用公司面前，海尔梅斯又在哪里？任何神话都是用想象和借助想象以征服自然力，支配自然力，把自然力加以形象化；因而，随着这些自然力实际上被支配，神话也消失了。"在此马克思以反问的形式强调了文学源于社会生活的观点，强调了神话是原始人所生存的社会环境和

---

❶ 童庆炳.文学理论教程[M].北京：高等教育出版社，2004：111.

历史条件的艺术反映。古希腊神话产生于生产力极其低下的原始社会，初民借助于形象思维认识各种自然现象，他们用类推的方式将自然比拟为人，把许多人力之不可及的力量想象成神的力量。于是，初民创造了开天辟地的神话、人类起源的神话等。随着认识自然能力的增强和理性思维能力的发展，人类可以解释神奇的自然界。这样，神话得以产生的社会基础消失了，神话这种艺术样式也消失了。

既然文学源于社会生活，随着社会生活的发展而不断地革新与演进，那么对文学现象进行理论阐释的文学理论就必须时刻关注社会生活，否则文学理论就会与时代脱节，从而失去生命力。

（三）实践论的教学观念是学科新发展的必然要求

19世纪末，文学研究的对象已经发生了转移，从传统的对文学自律性的研究转向对文学他律性的研究，也就是从对文学作品的修辞、语言、结构和风格等现象的研究，转向对文学背后的文化因素的探讨，深入地研究文学产生的社会历史背景和作家进行创作时的心理过程等文学外部问题。例如，原型批评、结构主义文论、精神分析学、符号学和叙事学等往往把文学置于大的社会背景和历史条件中去挖掘文学意象的象征意义，以寻求文学现象背后的文化意义。这种研究模式超越了文学本身的结构，从文学的外部因素来研究文学。欧阳友权谈道："我国的文论取向经历了从走向艺术、走向文本、走向审美的艺术自律到走向历史、走向社会、走向文化的逆转……"❶当前学术研究的路径正在由对文学的审美性研究转向文化研究。所以，要学好文学理论课就必须了解文学产生的文化背景，探究文学叙事背后所蕴含的社会意义。要想真正地掌握"文学概论"这门课程，就不能将知识从社会生活中孤立出来，而是要走出书本，走向社会，将理论与社会实践结合起来。

二、怎样实践理论联系实际这一学习方法

（一）理论学习与文学实践的结合

文学实践包括文学创作和文学批评两种活动，在文学理论课程的教学

---

❶ 欧阳友权.全球化时代马克思主义文论的现代性问题[J].理论与创作,2003(2): 7-10.

中要注意将所学习的理论知识运用于文学实践，把课堂上所学习的概念与具体的文学实践结合起来。如在学习艺术构思的心理机制时，就引导学生结合自己的创作体验，讨论灵感、直觉、情感和理智等一些抽象概念，这样就能很容易地掌握这些抽象的概念，而且在某种程度上有利于以后的文学创作活动。2007级本科1班的一名学生谈到自己曾经写下一篇《彩虹》的原因：有一次，他看见一个小女孩领着一位盲人老爷爷过马路，突然就想到了彩虹，于是他写下了《彩虹》，表达了自己对七彩的美丽人生的赞美和热爱。通过对生活的感受和体验，学生对这些概念有了更深入的认识，也就在日常生活中会注意搜集能够激发自己灵感的创作材料，用心去体验生活。

笔者还引导学生将学习的理论知识运用于文学批评活动。在学习文艺心理学批评方法时，笔者积极引导学生运用精神分析心理学去重新研读茹志鹃的《百合花》，在课堂上2007级本科2班的学生做了积极的发言，深入地剖析了茹志鹃所说的《百合花》"实实在在是一篇没有爱情的爱情牧歌"。"通讯员""新媳妇"的羞涩实际上是受潜意识支配对于爱情的向往和沉醉，这种朦胧的爱意像"百合花"一样纯洁、美丽。这种观点突破了大家所熟悉的传统的百合花是军民鱼水之深情的政治性解读，获得了新意，对于作品本身的艺术魅力和审美特征的研究更深入了一步，对于文学的本质有了更深入的理解。所以说深入研究文艺问题也有助于培养学生的创新意识和创新能力。

（二）理论学习与生活实践的结合

文学与生活密切联系，只有深入地体验生活，才能洞察人生真谛，才能更深入地体验作品中强烈的情感，了解其博大的历史意义。因此，在文学理论课的教学中要借鉴人类学田野调查的方法，鼓励学生开展社会实践活动。咸阳作为一个历史古都，所拥有的丰富的历史遗迹和文化资源为学生的社会实践提供了有利条件。2006年春，笔者带领学生到汉阳陵和乾陵去参观。墓穴里成群结队的牲畜陪葬品、吹拉弹唱的壁画能够勾起人们对往日辉煌的回忆。咸阳是一座古城。历史虽已成为过去，却会以各种方式留下它的痕迹。走过历史遗留的痕迹，我们能够更深刻地体会和感悟李白《忆秦娥》悲壮的凄清和深沉的喟叹。"箫声咽，秦娥梦断秦楼月。秦楼月，年年柳色，灞陵伤别。乐游原上清秋节，咸阳古道音尘绝。音尘绝，西风残照，汉家陵阙。"李白写这首词时，曾经盛极一时的唐王朝已经日薄西山。在清冷萧瑟的西风中，我们看到的是夕阳下的余晖照着西汉皇帝的陵墓，其经历了沧桑的历史变革，现在留下的只是一片荒凉、凋敝的破败景象。曾经车水马龙的咸阳古道已经音尘杳然，曾经盛极一时的汉朝在历史的长河中消逝了，现在只剩夕阳残照下的陵墓。由此，诗人想到昔日盛唐的繁华已经不见踪迹，今日的唐朝重新上演了一次历史的悲剧。昔日的繁华和今日的落寞形成的强烈对照足以使诗人反观现实，不得不为唐王朝的未来担忧。通过这次实地考察，学生对《忆秦娥》这首词有了深刻的体会，对于其中所蕴含的历史意义也有了清醒的认识。

（三）理论学习与创作实践的结合

在文学理论的教学中，理论与实践的结合就是指导学生写作学术论文。"理论源于实践，又要指导实践"，所以只有将理论付诸实践，理论才会有价值，成为真正意义上的理论，否则理论只是虚幻的空中楼阁。文学理论所学的理论要运用于具体的创作中，笔者从2001年开始指导学生毕业论文的写作，课题涉及各种文学批评和文化现象的阐释、分析和评价，如小说评论、网络文学、身体写作、文学的边缘化等问题。毕业论文的写作，提高了学生逻辑思维能力和分析能力，也培养了学生解决实际问题的能力和分析复杂社会现象的能力。

在写作学术论文中，笔者引导学生运用学科的新理论和前沿信息分析、研究社会现实问题。例如，运用后现代主义理论对咸阳师范学院新建校门风格进行了研究，新建校门非常典型地体现了后现代主义文化的断裂性、破碎性和无主体等特点。校门呈巨大的弧形，不是传统的封闭的"n"形，而是从中间断裂开来，分为两个弧线，各自高高翘起，弧线中间形成一个巨大的空缺。我们还运用后现代主义理论对当代都市建筑的玻璃墙作了分析，都市里很多高楼大厦的外墙不再是传统的水泥、钢筋和混凝土的实体墙，而是由玻璃镶嵌而成的玻璃墙。高大的建筑物巍然耸立，而墙的外围好像不依靠具体事物来支持，我们所看到的不是建筑物的实体墙，而是巨大的玻璃墙所反映的外物，所以我们很难把握事物的本质。这些理论研究既应和了当下的现实生活，又对处于前现代、现代和后现代多元共生时代的中国复杂的现实有了深刻的认识，学生在学习中也了解了学科的前沿知识。这样的学习方法激发了学生的研究兴趣，使学生能够以更加理性的方式看待纷繁复杂的世界。

在文学理论教学中，我们往往把文学理论架空，从理论到理论进行学习，使很多抽象的概念没有得到具体的阐释。只有把概念与客体和对象结合起来才能化难为易。我们可以将黑格尔对"理念"哲学范畴作一类比，以便更加清晰地认识这一问题。黑格尔认为构成美的理念，不是作为纯粹的抽象思维的理念，而是抽象的概念与具体事物的完美统一。这也就是说纯粹的概念本身无所谓美，只有将抽象的概念与具体的事物结合起来才能转化为美的形象，具有美的内涵。例如，我们所说的树、柳树、月亮、月光等概念本身无所谓美或不美，而与具体的事物统一起来才产生了美的境界。"不知细叶谁裁出，二月春风似剪刀""滟滟随波千万里，何处春江无月明""明月松间照，清泉石上流"，在这些诗句中，抽象的概念就转化为对具体事物美的感受。

第二节　保持型教学模式与对外汉语专业的英汉双语教学

在全球经济一体化、社会信息化和教育国际化的背景下，培养具有国际合作意识、国际交往与竞争能力的外向型、复合型和创新型双语人才，已成为顺应高等教育发展的必然趋势。具体到对外汉语这一专业，其价值和意义更显得突出和重要。对外汉语专业的培养目标是培养具有较扎实的汉语和英语基础，对中国文学、中国文化及中外文化交往有较全面了解，具备汉英双语会话和写作、汉英互译、跨文化交际等基本能力，以及能在国内外有关部门、各类学校、新闻出版单位、文化管理单位和企事业单位从事对外汉语教学及中外文化交流相关工作的实践型语言学高级人才。其专业特色是强调"双语言"和"双文化"，实施双语教学有利于实现对外汉语专业的培养目标，深化教学改革和加强学科建设。本文以对外汉语专业为实践平台，积极开展双语教学的理论研究和实践活动。

双语教育"指的是以两种语言作为教学媒介的教育系统"[1]。国外的双语教育研究和实践起步早，20世纪60年代加拿大、美国等国家已经开始了双语教育的研究和实践工作。由于这些国家是移民国家，所以在双语教育的

---

[1] [加]M.F.麦凯，[西]西格恩.双语教育概论[M].严正，柳秀峰，译.北京：光明日报出版社，1989：45.

语言环境和师资方面存在明显的优势，在双语教学方面积累了比较丰富的成功经验。英国朗曼出版公司的《朗曼应用语言学词典》将这些成功的双语教学模式分为三种：①浸入型双语教学，指用除学生的母语之外的第二语言进行专业知识的教学模式。也就是说学生在学校学习的全部或部分时间内，被完全"浸泡"在第二语言环境中，第二语言不仅是学生学习的内容，还是获取知识的工具。②过渡型双语教学，指学生入校之初使用母语教学，强化第二语言的学习，随后，逐渐过渡到全部使用第二语言学习专业知识。③保持型双语教学，指学生在入学之初使用母语教学，加强第二语言的学习，有些学科逐渐地过渡到用第二语言学习，有些学科仍然使用母语教学。

前两种教学模式都不适合我们国家的教育现状和国情，因为绝大多数人说的都是汉语，英语始终是外语，没有必要、也不适合采取这样的教学模式。根据我们国家的语言环境和中国高校的特点及生源的实际情况，我们应采取保持型教学法。在保持型双语教学的具体实践活动中，我们根据对外汉语专业教学的实际情况进行变革，以探索适合对外汉语专业教学最佳的双语教学模式。

一、对外汉语保持型双语教学步骤的设计

在录取对外汉语专业的学生时，虽然英语要求比其他的专业高，但大部分学生的听说能力相对来说还是比较差，所以在入学后必须先加强英语的学习。学生在大学一年级，使用母语教学，加强英语的学习，开设英语阅读、英语听力和英语口语等课程，提高、强化学生的英语水平，尤其是听说能力。学校可以每周定期举办英语角活动，创造学生说英语的语言环境，营造学生学英语的氛围；还可以举行英文阅读、朗诵或征文大赛，激发学生学习英语的热情，提高学生学习的积极性和自主自觉意识。因此，需要根据不同课程的不同特点开展双语教学。受对外汉语专业特点的限制，在所学课程中，汉语教学的比例必须保持在50%以上。

首先，在外国文学、国外汉学研究、西方美学史和西方文化与礼仪等与国外知识具有直接联系的课程中开设英汉双语教学。教师可以从这些课程中选取一门作为试点，在这一门课程的双语教学中，先选取一章或两章作为试点进行双语教学，然后在接受双语教学的学生中进行问卷调查和谈话调查，根据学生反馈的教学信息和教学效果，调整教学内容和授课思路。

在不断实践的过程中总结经验，逐步完善教学环节。经过四五章教学内容的反复实践和总结，如果经验比较成熟，可以把双语教学用于整门课程。在整门课程教学结束后，总结经验，然后推广到其他性质相似的课程中。

其次，在中国古代文学等具有中国民族特色和艺术魅力的课程中有选择地使用英汉双语教学。由于这些课程承载着传播中国文化的重任，所以我们要在保留中国文化独特内涵和丰厚韵味的同时，将中国文化传播到世界各地。外国人感兴趣的不是中国的现代工业和都市文明，而是中国优秀的传统文化。针对这个特点，我们应该采用母语和英语兼用的教学方法。例如，在学习中国古典诗词等作品时，教师尽可能地在保留原文本色和诗意的基础上将其翻译成英文。但是，由于语言是一种抽象的符号，无法提供直观的形象；语言具有民族性，不像音乐符号是可以超越国界、超越民族；尤其是汉字同时具有表意和表音功能，在翻译过程中，中国诗歌的特有意境很难完美地表述出来。加上文化观念的不同，有些诗意内容可能很难被外国人理解。所以，我们在诗歌的赏析中要加入背景知识和传统文化的介绍。在这些课程的教学中教师应以汉语教学为主，以使学生更精确地把握中国传统文化的精髓。在某些章节或者某些关键词中使用英语，为学生日后从事汉语国际推广和中国文化传播工作奠定良好的基础；这样，能更好地满足不懂汉语又想了解中国文化的外国人的需求。

最后，现代汉语、古代汉语等课程一定要保持母语教学的方式。因为对外汉语专业学生的培养目标之一，就是培养能够从事汉语国际推广事业的人才。只有具备扎实的汉语基础才能更好地从事对外汉语教学工作。"语言是文化的载体，它承载着文化、积淀着文明，是民族的符号和象征，是一个民族全部优秀历史传统和发展的见证人和代言人，对凝聚民族感情、促进民族团结、传承民族文明起着不可替代的作用。"[1]汉语是中华民族的智慧结晶，凝聚了无数先人和当代人的智慧，是维系中华民族团结的纽带，我们必须学好自己的母语。

与国外的保持型双语教学模式相比，这种双语教学步骤的设计强调过渡性、渐进性和灵活多变性，更适合我国对外汉语专业的特色、中国教育的现状和中国学生的英语水平。

---

[1] 赵慧.双语教学纵横谈[M].天津：天津教育出版社，2006：23.

二、对外汉语双语教学材料的组织

对外汉语专业课程门类丰富、复杂多样，涉及语言、文化、教育三个方面的内容，包括中外知识两个领域，时间跨越古今。所以，我们在编写教材时不能一刀切，只用一种模式、一种方法，而要根据不同课程的特点、教学内容的实际情况和所采取的保持型双语教学模式的特色，制定教学大纲、编写教材。我们拟采取三种方法组织教学材料。

（1）选用适合相关课程的英文原版教材。比如，外国文学史，主要介绍国外文学发展历史和每种文学发展时期的作家及其代表作品。关于这方面的英文材料很丰富，容易收集，可以直接使用英文原版教材。使用这种原汁原味的英文原版教材，一方面可以吸收国外教材先进的知识体系，确保知识的准确性、系统性和科学性，有利于学生了解最前沿的学科知识和学术信息；另一方面可以直接反映西方文化的价值观和生活方式，有利于学生接触一个更为真实的西方世界和西方文化。直接用第二语言获取第二文化减少了翻译中由于不同语言的不可传达性所损失的诗意和韵味。但是，英文原版教材的难度较高，对学生的英语要求很高，未必适合所有学生。对于较难的文章，在教材的编写中可以用汉语对课文内容或者关键词进行解释和说明。

（2）自编教材。比如，中国古代文学，教师难以找到较系统的原版教材。我们可以根据教学大纲、教学目的和高等院校的实际情况及中国各地地方特色，组织教师自己编写教材。这种教材的编写能够保持中国文化的特色，可以把某些章节内容或者关键词用英文表达，有些可以在英文的文章中加上汉语的解说或注释。这种教材的编写方式配合了保持型双语教学法，既加强了专业知识的学习，又促进了英文水平的提高，同时兼顾汉英的特点和习惯，保留了某些文化中不可翻译的文化内涵。这样，学生在从事外事工作时更容易将中国的文化传播到世界各国。但是，这种编写容易出现中国式思维方式和中国式英语，缺乏原汁原味的感受，要求教师具有较强的英语表达能力及储备大量的专业词汇。

（3）教师收集关于某一门课程的英文原版著作和英文原版文献，将其加工整理成易于操作的教学资料。比如，中西文化交流史和中外民俗等课程，教师可以直接从英文文章或者报纸、杂志上选取与我们教学相切合的材料，同时要特别注重选取具有代表性、典范性和容易激发学生兴趣的文本。这种方法可以结合学生的英语水平、专业水平和各地高等院校的实际情况来选择教学材料,具有较强的可操作性和实用性。

在教学材料的组织方面,我们的创新之处是遵循"引进来"和"推出去"双向渠道。"引进来"是指我们借助英语来学习代表西方先进思想的知识和信息,了解真实的西方世界。"推出去"是指将中国独具民族特色的文化传播并推广到世界各地,使世界人民了解中国,使中国在世界民族之林发出自己的声音。

三、对外汉语双语教学方法的创新

保持型双语教学采用探究式和讨论式相结合的教学方法,双语教学注重学生在教学中的参与性,强调学生学习的积极性和主动性。在教学实践中力求改变教师和学生在课堂中的角色,学生由观众变为演员,教师由演员变为导演。在课堂上,学生不再被动地听课,而是参与到整个教学过程中。教师不再满堂灌,而是积极引导学生思考。教师鼓励学生积极发言,积极思考,参与课堂讨论,参与到整个教学过程中,形成师生互动的局面。课堂讨论的具体形式可以分为三种。

(1)自由发言。根据教学内容的特点,教师设计科学合理、具有启发性的问题,学生课后查找相关的资料,更深入地理解和掌握知识,并写成小论文,在课堂上用简明扼要的语言将自己的观点表达出来。

(2)分组讨论。针对课程内容,教师提出问题,设计几个大相径庭的观点。学生分组讨论,然后各组总结发言,教师点评,发言后学生继续查找相关资料,进一步完善知识结构,将讨论结果写成总结报告。

(3)举行辩论赛。教师设计辩论赛的题目,安排学生去查找相关的资料,使学生在对资料进行整理、总结的基础上提出自己的观点。在持相反观点的两组中各推举出四名学生组成辩论赛的正方和反方,主持人、评委和计时员都在本班学生中选出。辩论赛结束,教师点评,按得分高低评出胜负方和最佳辩手。辩论赛结束后,组织学生整理好辩论赛的内容,对赛题进行深入的研究。

四、建立合理有效的教学评价体系

合理有效的教学评价体系包括课堂评估、期末考试和课后评估三个阶段。

课堂评估：将学生的课堂发言以及课堂作业完成情况均计入考试成绩，以提高学生发言的积极性和主动性，提高语言表达能力。教师可以提前给学生布置课堂作业，使学生在课下有充分的准备时间，并课堂上将自己的思想观念和价值判断表述出来。学生可以先用汉语或者英汉双语共用，经过一个或者两个学期的训练，逐渐过渡到用英语回答问题。课堂评价强调过程性评价，重视激发学生的发散性思维和创新性思维，注重开发和挖掘学生的潜力。

期末考试：采取客观试题和主观试题相结合的方式，客观试题考查学生对基本概念和知识的掌握情况，主观试题考查学生独立思考和独立钻研的能力。客观题是我们在本门课程中应该掌握的基础知识，而且这些基础知识是客观的，所以在记忆的时候一定要确保准确无误。主观题是以思考题和问答题的形式出现，主要考查学生对所学习的本门课程知识的系统性掌握能力、对知识的整体把握能力、概括归纳能力和综合运用能力。学生的作业和考试采取汉语和英语作答的方式，在评分标准中，使用英语的得分高于使用汉语的得分，以激发学生使用英语的积极性。

课后评估：及时地听取学生对课堂效果的反映，作出总结。课后评估还包括长期的调查研究的过程，采取跟踪调查的方式，跟踪调查已经毕业的学生，了解他们所接受的双语课程的教学对于其发展所产生的长期的影响，以期研究、调查双语教学所产生的长期效果。

保持型双语教学模式的实践既符合我们国家教育现状、语言环境，又照顾到各地方高校的特点及对外汉语专业生源的实际情况，适应了我国教育国际化的发展趋势和中国高等教育改革的要求，可以有计划、有步骤、有重点地推动双语教学改革，促进对外汉语专业逐步发展、稳步前进。这种双语教学模式的实施有利于提高学生的学习效率，使学生在学习专业知识的同时掌握第二语言，可以直接用第二语言获取一手的信息和知识；有利于培养具有从事汉语国际推广能力的对外汉语教师，培养具有双语教学理论知识和实践经验并能从事中小学双语教学的教师，以适应中小学素质教育改革的需要；向高等院校输送能够同时运用汉语和英语获取专业知识、把握学科发展前沿信息的硕士研究生，帮助其成为具有国际视野、能从事跨文化交流的复合型人才。

第三节　汉语国际教育专业实施双语教学的思考

在全球化语境下，由于中国综合国力的快速提升和世界影响力的迅猛提高，全球"汉语热"持续升温，在国际上，汉语正逐步成为一种影响力强、辐射范围广的国际语言，学习汉语的外国人呈几何倍数增长。在这种良好的形势下，汉语国际教育专业也以蓬勃之势迅猛发展，全国各大高校相继开设了此专业。为了进一步推进汉语国际教育专业建设，加强汉语国际教育推广事业，扩大中国文化在世界上的影响力，针对这个专业开展双语教学具有重要性和必要性。本文以咸阳师范学院国际交流学院为例，探讨汉语国际教育专业的双语教学问题。

一、开展双语教学的必要性和重要性

在世界经济一体化的背景下，要实现与世界经济的接轨，取得更丰富的成果，需要培养既具有扎实的专业基础知识，又具有较强社会交往能力，能流畅地使用第二语言参与国际交往和文化交流工作的创新型人才。

（1）在汉语国际教育专业的发展和教学实践的推动下，经过诸多学者和研究者的辛勤工作和持续努力，汉语国际教育专业的教育教学研究取得了较为丰硕的成果。不过，汉语国际教育专业的双语教学方面较为薄弱，在双语教学教材的编写、双语课程的安排设置和双语教学方法的创新等方面还存在诸多盲点，研究力度还有待加大，尤其是如何将现有的富有成效的双语教学理论研究成果运用到汉语国际教育专业的人才培养方面还需要进一步具体化。因此，国际交流学院汉语国际教育专业的双语教学理论的研究和实践的开展具有重要意义和价值。

（2）汉语国际教育专业的培养目标是培养具有扎实的汉英双语基础、较全面的中外文化知识、能进行汉语教学和从事中外文化交流的专门人才，其专业特色是"双语言"和"双文化"。汉语国际教育专业具有较强的国际性，强调跨文化交流和交往，所以实施双语教学有利于实现本专业的培养目标，加强学科建设，凸显专业特色；同时，实施双语教学适应当前社会改革和经济发展的需求，顺应国际教育发展趋势，是深化教育教学改革，推动汉语国际教育专业发展的重要举措。

（3）双语教学不仅是教师和学生用一种除母语之外的第二语言进行教学的过程，更是培养学生用另一种思维方式认识一个全新世界的过程。因此，双语教学涉及两种思维方式和两套文化价值观念的冲突和交融，在冲突和交融中激发学生的学习兴趣和创新思维，培养当前社会需要的创新型和复合型人才。

（4）双语教学适应中国教育改革，可以更有效地衔接中小学教育教学，促进中国教育的可持续发展。19世纪90年代，在山东、江苏等经济发达地区的中小学、幼儿园就已经开始实施双语教育教学实践活动，并获得了丰硕的成果，培养出了一批既具有丰富的知识储备，又具有较强的第二语言能力的学生。但是，由于中国语言环境的限制，能够用第二语言流畅地从事知识教学的师资还相当欠缺。为了满足教育改革的需要，使中国教育具有持续性和可发展性，培养具有较强双语教学能力的师资队伍、开展双语教学成为衔接中小学教育的必然要求和趋势。

二、开展双语教学的可行性

咸阳师范学院从2008年开始设立汉语国际教育专业，这是一门"朝阳专业"，呈现了蓬勃发展的可喜势头，良好的发展趋势、丰富的教学经验和高水平的师资队伍为双语教学的开展奠定了扎实的基础。

（1）在本科生录取时，汉语国际教育专业对学生英语的要求就比其他专业的学生高，因此这些学生的英语基础较好。在本科阶段，汉语国际教育专业的培养方案中设置了英语精读、英语听力、英语口语、英语写作和英语翻译等课程，全方位地培养学生的英语听、说、读、写能力。全面发展学生的英语能力成为开展双语教学的基础，只有这样学生才能较容易地接受用英语所教授的专业课知识。

（2）国际交流学院有一支结构合理、科研能力较强的师资队伍。学院中博士、硕士的比例达到83%。任课教师自2008年以来一直从事对外汉语教学工作，积累了丰富的理论知识和实践经验。教师具有较高的英语水平，能阅读并翻译英文文章。有4位教师曾经或正在国外从事汉语教学工作，具有较高的英语口语水平。学院还定期专门组织外籍教师对本地任课教师进行英语听力和口语的培训。

（3）自2008年以来，咸阳师范学院先后招收来自美国、韩国、伊朗、尼日利亚等10个国家的100余名留学生来校学习汉语和中国文化。这些留学生给该学院带来了世界各国的文化,为汉语国际教育专业的学生提供了中外文化交流与多元文化语言互动融合的平台,提供了教育教学实践和学习第二语言的平台。

(4)实施"2+2""1+2+1"中外双学位培养方案。参加此活动的学生只有先后完成中方大学和国外大学联合培养计划的专业课程,考试成绩合格者,才能同时获得中美两国两所大学本科毕业证书和学士学位证书。国际交流学院与泰国 SPN Baanpasa 语言教育中心共建校外教育教学实践基地,给学生提供实习平台,共同拟订教学实习方案,指导学生开展各项教学实习工作。2013 年,有 6 名学生被中国国家汉语国际推广领导小组办公室(以下简称"国家汉办")选拔为海外汉语教学志愿者,并被派往菲律宾、泰国从事汉语教学工作。这些国际环境开拓了学生的视野,增强了知识,锻炼了能力,为学生进一步学习打下了良好基础。

三、双语教学的意义和价值

(1)实施双语教学可以优化汉语国际教育专业的课程内容,改革双语教学的教学模式、教学理念和教学方法,努力探讨改善双语教学流于形式的可行措施。通过双语教学实践,提高教师的英语水平与语言交际的能力,并培养学生运用英语进行专业学习和专业交流的能力,提升学生的专业素养和英语水平。培养学生运用除母语之外的另一种语言获取信息和掌握知识的能力,使其直接能用第二语言进行表达。尤其是在经济全球化的浪朝下,直接获取第一手的信息和资料更为重要。通过学习,学生能够用除母语之外的语言来表达本民族的思想和文化,将本民族的优秀文化传播到世界,展示中国传统文化的魅力,让中国走向世界,让世界人民了解中国。

(2)实施双语教学可以避免对外汉语专业开设大学英语、英语阅读、英语口语、英语写作、英汉互译和英语口译等重复课程,有效节省了教学资源和时间,使学生既学到了对外汉语专业的理论知识,又提高了英语听、说、读、写的能力。双语教学不仅仅是两种语言的教学,更是两种思维方式和两套文化价值观念的冲突与交融,在冲突和交融中易激发学生的学习兴趣和创新思维,培养具有国际合作意识、具有国际交流与竞争能力的外向型和复合型人才。

(3)培养具有双语教学理论知识和实践经验并能从事中小学双语教学的教师,以适应中小学素质教育改革的需要;培养学生运用英语进行专业学习和专业交流的能力，提升学生的专业素养和英语水平；培养既有中国意识又具国际视野，既具备扎实的语言基础又具有较强专业能力的创新型双语人才。向高等院校输送能够同时运用汉语和英语获取专业知识、把握学科发展前沿信息的硕士研究生生源，使其具有国际视野，成为能从事跨文化交流的复合型人才。

在全球经济一体化、社会信息化和教育国际化的背景下，培养具有国际合作意识、国际交往与竞争能力的复合型人才，成为顺应高等教育发展的必然趋势，也是本专业面临的一个新课题。所以，在汉语国际教育专业开展双语教学的研究及实践显得更为突出和必要。虽然教育部大力倡导双语教学，但是双语教学在国内各高校都处于起步阶段，尤其是对外汉语这个新兴专业，更是处于起步和探索阶段，关于双语教学的理论体系尚不完备。因此，汉语国际教育专业双语教学的研究，不仅有助于双语教学理论的建构和汉语国际教育专业的建设，也有可能使咸阳师范学院在专业方面走在兄弟院校的前面，成为学院的特色和品牌。

第四节　论地方高校汉语国际教育专业的发展
——以陕西省咸阳师范学院为例

咸阳师范学院自2008年开设汉语国际教育专业，这是一门"朝阳专业"，呈现了蓬勃发展的可喜势头，良好的发展趋势、丰富的教学经验和高水平的师资队伍。时至今日，对外汉语专业已经完善了专业培养方案，建立了课堂教学与课外实践，学术论坛与毕业论文，知识学习与教育实践密切结合的人才培养模式。同时，先后与美国拿撒勒大学、德国达姆施塔特工业大学、澳大利亚墨尔本皇家理工大学、韩国东阿大学、日本东洋大学、菲律宾圣卡洛斯大学等30多所高等院校和科研机构建立了长期的合作与交流；与美国4所大学合作，实施"2+2中美双学位"人才培养模式；与泰国SPN Baanpasa语言教育中心合作，共建教育教学实践基地，为学生提供实践实习平台，指导学生各项实践教学工作，已有54名学生在泰国从事国外汉语教学实践，12名学生已被国家汉办选拔为海外汉语教学志愿者，被派往菲律宾、泰国从事汉语教学工作。

学院目前取得的成绩是可喜可贺的。但是，汉语国际教育专业要获得进一步的发展，要与国际教育接轨，必须进行不断的探索和革新。为了进一步提高学生的专业素质和知识水平，适应新时代社会建设的需要，迎接日益严峻的社会竞争，适应快节奏、高效率的现代生活，我们需要在传统教学模式的基础上进行新的课程建设和教学改革。

一、改革传统的教学方法

教学方法的改革是一项长期的、艰巨的任务，教师在这一改革中扮演着主要角色，需要教师在教学中探索适合本专业学科知识的独特的教学方法，大力开展"讨论式教学"。讨论式教学是一种培养创造性人才的教学方法，已得到国内教育界的充分重视。国务院《关于深化教育改革全面推进素质教育的决定》已正式规定必须"积极实行启发式和讨论式教学"，开展讨论式教学可以改善现在普遍存在的"教师讲、学生听"的被动局面，调动学生学习的兴趣和热情，把复杂问题简单化，并培养学生的创新意识。教师应在课堂教学中突出重点，攻克难点，把重点和难点讲精、讲透，要结合社会人生和文艺作品提高学生的思想高度，使学生觉得课程有现实意义，而不是只学到一些纯理论知识，但是教师要避免在一些细枝末节和常识性的问题上耗费太多的时间和精力，一节课只解决若干重点问题，不要面面俱到。

二、实施英汉双语教学

汉语国际教育专业实施双语教学具有得天独厚的优势，学生的英语基础好，接受能力强，可以增强双语教学的效果；汉语国际教育专业的教师有过在国外教学的经历，英语表达流畅，还可以将国外先进的教学理念运用于课堂上。

实施双语教学可以从两个方面组织教学材料：一是选用适合相关课程的英文教材，如外国文学史，可以直接使用英文原版的教材。这种原汁原味的英文原版材料，直接反映了西方文化的价值观和生活方式，有利于学生接触一个更为真实的西方世界和西方文化。二是教师收集关于某一门课程的英文原版著作和英文原版文献，特别是注重选取具有代表性、典范性和容易激发学生兴趣的文本，将其加工整理成易于操作的教学资料。

实施双语教学既提高了学生运用英语进行专业交流的能力，又提高了学生的专业素养，其教学效果自然不言而喻。

三、充分调动学生学习的积极性和主动性，强化学生自主学习的能力

学生只有多读书才能在课堂上展开讨论，所以教师可以安排学生看一些书目，不定期抽查学生读书情况，结果可以计入学生平时成绩。为了激发学生读书的兴趣，可以开展"书香阅读月""读书竞赛"等活动。通过开展活动在校园内形成热爱读书的良好风气，促进学生知识的更新、思维的活跃和综合实践能力的提高。

教师注意培养学生正确的学习方法，启迪学生的理性思维，培养学生严密的逻辑思维能力，使学生学会归纳现象背后的原因，学会用理论分析问题、解决问题。

四、学生班级的编排及教室布局的设置

（1）由于语言类课程的学习重在参与和交流，学生的训练机会的多少决定了教学效果的优劣。所以，班级的编排宜采用小班制。在语言类课程中，可以尝试将现有的班级分为两个班，虽然教学任务增加了一倍，但是效果更好。

（2）固定的教室桌椅不便于组织丰富多彩的教学活动。桌椅的布置方式可以配合教学的要求和活动的形式。比如，在语言课的教学中，将桌子围成半圆形或圆形，教师处于中心，和每个学生充分地接触。这样，既增强了课堂听说效果，又加强了师生的情感交流。

（3）教室尽可能配备多媒体设备，而且尽量保证多媒体设备的质量，以使教学演播达到最好的效果。作为现代高科技产品的多媒体教学设备与普通教学相比具有以下几种优势：①多媒体教学具有直观性，能多角度地观察对象，并能够用多种手段突出要点。②图文声像并茂，可以调动学生的学习积极性。③信息量和容量大，能够有效地节约空间和时间，提高教学效率。当前，咸阳师范学院的多媒体教室较少，并且已有的设备也或多或少存在问题，如有的投影的清晰度不高，有的音响效果不好，这都影响了课堂效果。

五、开展师范生教师职业基本技能培训

培训的内容包括书法、普通话、演讲、写作、阅读五项能力。在大三时对五项能力进行测试，60分为及格，五项全及格者可以得到学院颁发的五项全能达标合格证书。不及格者进一步加强训练，最终达到学院规定的标准。在本科生的教学中，开设书法课。在班级和院内展开普通话演讲比赛，要求每一个学生必须参加。规定学生毕业前须在公开发行的刊物上发表至少一篇文章，超额完成任务的部分给予加学分的奖励。给学生列出必读书目，并让学生挑选自己感兴趣的书目写2 000~3 000字的评论文章，每学期至少2篇。

六、加强学生的实践活动

强化知识的学习和实践的运用有利于培养汉语国际教育专业复合型人才。在全球经济一体化、社会信息化和教育国际化的背景下，培养具有国际合作意识、国际交往与竞争能力的复合型人才，成为顺应高等教育发展的必然趋势，也是汉语国际教育专业面临的一个新课题和难题。这就要求在这一专业的教育和教学中改变传统的教学观念和教学方法，将马克思主义实践观深入地贯彻到汉语国际教育专业的各个环节。在教学中将实践运用于课堂教学和课外活动中，丰富学生的知识，提高学生的学习能力，培养能够适应社会发展的复合型人才。

所有的学生都应该有机会参与到实践中，在实践活动中达到知识、理论和技能的完美统一。实践活动可以分为课堂实践和社会实践。课堂实践包括课堂教学活动、观摩课、听讲座、各种技能的培养和竞赛。社会实践包括教学见习、社会调查、参加夏令营活动和从事导游工作等。

第五节　汉语国际教育专业的"三大"转向

汉语国际教育专业是中国语言文学类下属的二级学科，其前身是对外汉语。1985年，经过国家教委的批准，上海外国语学院、北京外国语学院、北京语言学院和华东师范大学共四所高校，开设了第一批全日制对外汉语教学本科专业。1998年，教育部颁布了《普通高等学校本科专业目录》，将其专业名称确定为"对外汉语"。

自改革开放以来，随着经济的飞速发展，中国综合国力、国际地位的不断攀升，中国在国际上的影响力越来越大。为了更好地了解中国，世界上学习汉语的人越来越多。在这种良好的形势下，对外汉语专业也取得了长足的进步。经过教育部门及专家、学者和教师30多年的努力，对外汉语专业在人才培养模式、课程设置、教材编写、课堂教学方法和教学实践等方面积累了丰富的经验。

随着社会的发展、学科门类的革新和人才需求的变化，原有的对外汉语专业名称、学科设置、教育理念和人才培养目标都已经不能适应汉语国际推广的要求，以及国际上对汉语教学和对外文化交流人才的需求。在这种情况下，确定专业特色、革新教育理念和完善学科设置成为当务之急。2012年，教育部颁布的《教育部普通高等学校本科专业目录》和《普通高等学校本科专业设置管理规定》将"对外汉语"（学科代码：050103*）、"中国语言文化"（学科代码：050106W）和"中国学"（学科代码：050108S），合称"汉语国际教育"，属于本科专业的中国语言文学类。

自2013年起，对外汉语更名为"汉语国际教育"，这一名称的内涵更加丰富，外延也得到了拓展，准确地体现了人才培养的目标，明确了课程体系的性质。从对外汉语到汉语国际教育，实现了由"国内"到"国际"、由"语言"到"文化"、由"教学"到"教育"的"三大"转向。

一、由"国内"到"国际"的转向

由"国内"到"国际"的转向反映了汉语国际教育和各种涉外工作地域分布的扩张。"对外汉语"教学的培养对象主要是海外来中国学习汉语的人群，教学基地是国内的各大高校和民间培训机构。随着中国国际地位的提升和影响力的扩大，各国来中国学习汉语的人越来越多，留学生的数量呈直线上升趋势。据中国新闻网报道，2011年在中国学习的留学生总数已经突破29万。"与2010年相比，2011年留学生总人数增长27 521人，同比增长10.38%。"同时，中国新闻网详细地分析了留学生的地域分布，"按洲别统计，来自亚洲的留学生人数占首位，计187 871名，占全年来中国留学生总数的64.21%；欧洲为47 271名，占16.15%；美洲为32 333名，占11.05%；非洲为20 744名，占7.09%；大洋洲为4 392名，占1.50%。从增幅上看，来自非洲和美洲的留学生人数增长显著，同比增长率分别为26.46%和18.75%"。通过对以上数据的分析，我们可以清晰地看到，来中国的留学生中，亚洲人居多，占到了64.21%，而欧洲、美洲、非洲和大洋洲的总留学生人数都不及亚洲的数量。可见，数据的这种分布与空间距离的远近有着直接的关系。中国地处亚洲，与亚洲其他国家或接壤或距离较近，方便人员的往来，所以到中国留学的亚洲学生数量远远超过其他洲。从以上数据来看，仅仅局限于国内的汉语教学已经限制了对外汉语专业在全球范围的发展。"以往我们研究的重点主要是国内的对外汉语教学，关注的主要是来华留学生的教育和教学问题，教学大纲、测试大纲、教材教法、课程设置、教学模式等，大都是面向国内的汉语教学而形成的，这当然没有错。但是，我们必须清醒地看到，无论是从目前还是长远看，来华学汉语的人数永远是少数，海外汉语教学已成为主战场。汉语的国际化程度主要取决于海外汉语教学的发展程度，取决于海外汉语教学的质量和效益。"❶

"汉语国际教育"由"国内"推向"国际"，实现了这一目标的转向，突出了"国际"的内涵，促使汉语教学和中华文化传播走出国门、走向国际，推广到世界各个国家。由此，对外汉语教学的仅限于中国境内的地域限制消失了，而将汉语教学的场所搭建到目的国，在汉语学习者的国家教授汉语，更有利于世界各国人民学习汉语、了解中华文化。鉴于此，中国国家对外汉语教学领导小组办公室积极地在世界各地设立孔子学院和孔子课堂，以更大范围地推广汉语教学和传播中国文化。据中国新闻网报道，"截至2013年年底，全世界已有120个国家或地区建立了440所孔子学院和646个孔子课堂，共计1 086个"。截至2014年8月，全球已有123个

---

❶ 李泉.关于建立国际汉语教育学科的构想[J].世界汉语教学，2009（3）：399-413.

国家设立465所孔子学院和713个孔子课堂，注册学员达85万人。2015年12月，中国已在134个国家和地区建立了500所孔子学院和1 000个孔子课堂，学员总数达190万人。2016年12月，全球已有140个国家建立了511所孔子学院和1 073个中小学孔子课堂，各类学员210万人。从孔子学院"遍地开花"和学员总数不断攀升的数据来看，汉语国际教育的改革已经初见成效。

（一）扩大了学习汉语的人群

在汉语国际教育推广的形势下，由于消除了地域的限制，所以汉语学习者的范围扩大了。以前来中国学习汉语的学员主要是在校大学生或社会成年人，如今学习的人群扩大到青少年、儿童甚至已经退休的老年人，只要是对汉语和中国文化感兴趣的人都可以到当地的孔子学院或孔子课堂学习。汉语教学课堂由国内转移到世界各国，由学校扩展到社区。在当地教授汉语使人们学习汉语更方便，可以随时随地进行学习。"汉语桥"知识竞赛、在线课堂的开设等，为汉语学习者提供了更多的学习途径，全世界学习汉语的热情更加高涨。据中国文化传媒网数据显示，"2010年约有1亿外国人学习汉语，2013年学习汉语的外国人约达到1.5亿人。报告认为，尽管准确数据很难统计，但一个不争的事实是，学习汉语的外国人逐年递增"。

（二）汉语学习者的地域分布发生了较大的改变

与2011年来中国的留学生相比，2013年汉语学习者的地域布局转向了欧洲、美洲，《中国文化发展报告（2013）》指出："从全球分布上看，欧洲、美洲和亚洲是孔子学院分布最密集的地区，分别为149所、144所和93所。欧洲以英国、俄罗斯、法国、德国和意大利开办的数量最多且规模最大，分别为24所、18所、17所、14所和11所；美洲以美国、加拿大和巴西开办的孔子学院数量为最多且招生规模最大，分别为97所、13所和8所；亚洲以韩国、日本和泰国开办的数量最多且规模最大，分别为19所、13所和12所。"由以上的数据可以看出，欧洲和美洲的孔子学院极大地推动了汉语教学的发展和中华文化的传播。

二、从"语言"到"文化"的转向

在以和平与发展为主旋律的当代社会，经济实力不再是衡量一个国家发展水平的唯一标准，文化实力和影响力已经成为国家富强、民族振兴的重要标志，成为衡量一个国家综合实力的重要指标。亨廷顿提出文化已成为经济发展的重要议题；丹尼尔·帕特里克更果断地说是文化而不是政治决定着一个国家能否成功。在新的国际发展趋势之下，维护中国国家文化安全任务日益艰巨，提高国家文化软实力，已经成为我国的一项重大战略任务。尤其是当代中国进入了全面深化改革开放、加快发展经济的攻坚时期，文化日益成为民族凝聚力和创造力的重要源泉、综合国力竞争的重要因素和经济社会发展的重要支撑。要想建构一个雄踞于世界之林的现代国家，必须进一步增强国家文化软实力，提升中华文化的国际地位和影响力。《中共中央关于深化文化体制改革推动社会主义文化大发展大繁荣若干重大问题的决定》提出，实施文化走出去战略，不断增强中华文化国际影响力，向世界展示我国改革开放的崭新形象和我国人民昂扬向上的精神风貌。汉语国际教育专业的设置正是顺应了时代要求，实现了由单纯的"语言"教学向多元"文化"传播的发展，"文化"的作用日益凸显。

张建民在《文化在汉语国际教育专业课程设计中的作用》提出，对外汉语"把汉语主要看作是工具，而汉语国际教育把汉语看作主要是文化，是一种价值观的体现"[1]。对外汉语教学强调语言本体，重视语言的教学和应用，将汉语作为人与人之间进行交流的工具。教师给学习者教授语音、语调、句法、语法、篇章结构、遣词造句等汉语知识，学习者以能够听懂汉语、看懂文字，具备听、说、读、写能力为目标。此种对外汉语教学由于偏重语言的工具性，而忽视了语言的复杂性和多元性，并没有重视语言的文化功能和价值内涵。

而汉语国际教育不仅将汉语作为一种语言的教学工作，还将其作为一种思维方式和文化传播媒介，强调汉语的听、说、读、写、译等综合运用能力的培养与中华文化传播的有机融合。在世界各地的孔子学院呈现出的多元化和多样性是其最佳的注脚，"除了以汉语言文化推广为主的

---

[1] 张建民. 文化在汉语国际教育专业课程设计中的作用[J]. 云南师范大学学报（对外汉语与教学研究版），2015，13（6）：1-6.

普通孔子学院之外，还创建了各种各样的特色孔子学院，以传播中国文化，如中医孔子学院、商务孔子学院、旅游孔子学院、音乐孔子学院、舞蹈和表演孔子学院、饮食文化孔子学院、茶文化孔子学院等。报告认为，特色孔子学院的发展走出了一条推广中华文化的新途径，其特点是不再是单纯的汉语推广，而呈现多元化和专业化"。

文化与语言的同步推广具有内在本质和外部需求的必然性。

（一）符合汉语发展的内在逻辑

汉字的间架结构和造字组词与字母文字迥然不同。以英文为例，英文一共有 26 个字母，所有的单词都是由 26 个字母构成，并且只在横向空间方向延伸。汉字的构成则是复杂的、立体的，古人总结出"象形、指事、会意、形声、专注、假借"六大造字法。复杂的构造使汉字包含更丰富的文化内容和精神元素，形成了一套独特的文化表达系统。单纯地进行语言教学，将文化与语言隔离开，会使汉语学习者只学得汉语的表皮，只知其然而不知其所以然。"如果我们只是把语言和汉字表面的东西机械地传达给学生，学生机械地学到了，记住了，实际上我们在一定程度上背离了语言文字的本质功能。语言的本质功能是用来交际的，它承载着民族的深刻历史和文化内涵。"[1]汉字由形、音到意，是一个层层升华的过程，三者的紧密组合使汉字具有了独特的意义和内涵。"汉语和汉字是在特殊的文化载体中的一个特殊的系统和品种。特殊表现在哪里？形、音、义、词的组合都饱含着丰富的文化内容。"[2]汉语作为中华文化的重要载体，形象地记录了中国历史的发展和中国人思维的变革历程，所以文化的学习对语言的掌握起着"他山之石，可以攻玉"的作用。

以中国人向来重视的"家"为例。"家"字的发展反映了中华民族历史的演进轨迹和文化观念的起源。"家"属于会意字，据早期甲骨文记载，像屋里有一头大腹便便的猪，此字的原始意义就是养殖猪的场所。在中华民族祖先早期的定居生活中，畜养的动物里，猪是优先选择的

---

[1] 许嘉璐.继往开来，迎接汉语国际教育的新阶段［J］.北京师范大学学报（社会科学版），2012（5）：14-20.

[2] 许嘉璐.继往开来，迎接汉语国际教育的新阶段［J］.北京师范大学学报（社会科学版），2012（5）：14-20.

对象。猪性情温驯、容易驯养、繁殖力旺盛，所以拥有圈养的猪就意味着能够拥有充足的食物，因此畜养猪便成了早期人们安居乐业、食物充足、生活幸福的标志。有猪的地方就有人家居住，即是最初的家的意义。虽然后来人们畜养的家畜种类越来越多，但以猪为家的象征的传统习惯却保留下来。随着社会的发展和汉字的演化，"家"也由早期的象形逐渐简化，晚期甲骨文将猪（）简化成；金文略有变形；篆文继承了金文字形；隶书将篆文的写成，最终形成了今天的汉字"家"。"家"的演化如下：

→ → → → → → 家

由以上汉字造字法演变的实例，我们可以看出，汉语不仅是人与人之间进行交流沟通的工具，还具有重要的文化功能。"汉语是中华文化最基础、最核心的部分，它不仅是汉文化的重要载体，还是了解汉文化的重要途径。"❶因此，单纯的语言教学具有一定的狭隘性。"从理论上来说，将语言看作一种纯工具的观点也自动隐藏了语言作为文化现象所具有的价值观。人类在认识世界和改造世界的过程中，不断地用词语来总结认识的成果，由于受到地域和环境的影响，就会产生适应环境所需要的词语，往往这些词语就可以显示出文化习俗。同时，将研究的焦点放到文化上来后，就难以避免和价值观相联系，因为文化是价值观的体现，这样就可以看出语言和文化、价值观的紧密联系程度。"❷ "以工具论为基础的原对外汉语课程设计无疑受到了结构主义语言学的影响，追求的是对工具的精确掌握，如语言形式，但是忽略了'语言是人类交流思想的工具'这一定义中的'交流思想'的重要性。没有思想的交流，汉语就成了'真正的'没有灵魂的工具。没有灵魂的工具，也就把课程分解成组装这一工具的零部件，人们可以把

---

❶ 张建民.文化在汉语国际教育专业课程设计中的作用[J].云南师范大学学报（对外汉语与教学研究版），2015，13（6）：1-6.

❷ 张建民.文化在汉语国际教育专业课程设计中的作用[J].云南师范大学学报（对外汉语与教学研究版），2015，13（6）：1-6.

玩这个工具，却不能有效交流思想，展现各自的文化。"❶只有将"家"的汉字构造、演进与中国传统文化关联起来，才能深入地理解和把握中国式的"家"的内涵，理解中国丰富多样的称呼和错综复杂的人际关系。与西方人注重自我个体不同，中国人更重视以"家"为核心的集体，而且将"家"延伸到"国"，称其为"国家"。时至今日，中国人对家仍然有着很强烈的情感，"回家"成为春节的主旋律，所以一年一度的"春运"被誉为全球规模最大的人口迁徙。

据此，汉语的教学不仅仅是文字的拼读和书写，更是深层文化内涵的阐释，汉语学习者只有掌握丰富的汉字知识和汉文化，才能更好地理解中国文化，聆听中国故事，感受中国精神。把语言作为一种文化的汉语学习方式，在语言学习中融入中国文化元素，并且在与世界文化的比较中学习中国文化，这种教学思路不仅可以激发汉语学习者的学习兴趣，还可以使世界上各国人民更深入地了解中国文化，突破单纯的语言学习"只见树木，不见森林"的局限性。

（二）满足了国际上汉语学习者的需求

北京师范大学汉语文化学院院长许嘉璐走访了世界各地的孔子学院，他发现外国办孔子学院的目的不是学习汉语，而是为了了解中国文化。中国文化以其博大精深的魅力吸引了世界其他国家的目光。面对资本主义社会的精神危机和后现代文化的困境，以詹姆逊、威廉斯为代表的西方知识分子开始关注处于第三世界的中国文学和中国文化。詹姆逊把产生于集体生活形式之中的中国文化看作"真实的文化"；威廉斯则将其称为"剩余文化"。"剩余文化"是指在以前的社会曾经存在过的传统文化，经过历史的过滤筛选遗留下来，并且在现代社会发挥了积极的作用的作用。在集体生活中，每个个体是集体的有机成分，因而个体与个体、个体与集体之间易于形成一种和谐的整体协作关系。所以，建立在集体主义基础之上的中国文化具有强大的凝聚力和团结精神，能产生积极的正能量，这些正是当前西方文化所缺失的。詹姆逊力图从非主导话语中探索解决当代困境的有效措施，在全球范围内寻找可以突破后现代文化困境的契

---

❶ 张建民.文化在汉语国际教育专业课程设计中的作用[J].云南师范大学学报（对外汉语与教学研究版），2015，13（6）：1-6.

机。他认为可以从中国文学和文化中吸取积极的元素以建构西方现代文化。

"虽然美国人绝对优势地控制着全球的电影、电视和录像业。然而几乎没有或根本没有证据来支持这样的假设，即普遍的全球通讯（通信）的出现正在导致观点和信仰的趋同……目前，现代化已是一种全球性的现象，所有的文化都在朝现代化迈进。从这个意义上说，西方世界和别的世界的差异正在消失。然而，现代化并不一定意味着西化。有许多迹象表明，现代化加固了现存的文化，因而使文化间的差异永远存在。"[1]真正的全球文化的发展不是先进文化吞并落后文化，而是多元文化并存，各民族文化之间的兼容并包和取长补短。中国作为历史悠久的文明古国，所具有的无比灿烂和丰富的文化在构建真正的全球文化中发挥着重要的作用。所以，汉语的推广和文化的传播是一个命题的"两翼"，只有同时展翅，汉语国际教育专业才能翱翔于高空。

三、实现了从"教学"到"教育"的转向

教学与教育都是施教者向受教者传授知识，以提高受教者的知识水平或素质修养为目的。但是，两者在外延上具有一定的差异，相比于教学，教育内涵更丰富，外延更宽，涉及面更广。

教学是教师和学生在学校展开的教和学的活动，通过这种活动，教师有计划、有目的、有组织地引导学生学习和掌握基础知识和基本技能，促进学生素质的全面提高。教育是施教者和受教者在学校或社会中展开的活动，通过这种活动，施教者循序渐进地向受教者传授知识和生活经验，以全面促进受教者的成长和发展。

对外汉语教学强调的是汉语的"教学"，因而注重的是知识的传授，教学地点往往就是学校或实习基地。这种教学理念过分依赖学校的主体性作用，不利于充分调动各种社会资源，使学生与社会脱节，培养的学生往往是学术型、知识型人才。汉语国际教育不仅传授知识和培养技能，还注重人才的素质教育；不仅充分利用学校的优势教育资源，还积极开拓社会教育资源，使学生接受社会大课堂的全面教育，将知识学习与实践经验密切结合起来，促进学生能力、素质的协调发展，培养复合型、应用型和实践型人才。

2012年《国际汉语教师标准》由汉语教学基础、汉语教学方法、教学

---

[1] 塞缪尔·亨廷顿.再论文明的冲突[J].李俊清，译.马克思主义与现实，2003（1）：39—44.

组织与课题管理、中华文化与跨文化交际、职业道德与专业发展五部分组成。新修订的汉语教师标准突出了实用性和可操作件。

汉语国际教育适应了国家汉语世界教学和中国文化国际推广的新形势，突出其实践性和应用性特色，坚持知识、能力、素质全面协调发展的教学理念，多角度、多方法、多领域、多环境地进行综合教育，促进人才培养质量的整体提升，有利于培养国际化、复合型人才。与对外汉语专业相比，汉语国际教育这一名称更科学、更专业，突出了其综合性、实践性、国际性和应用性的特点。作为一个新兴学科，汉语国际教育力主传播新思想、介绍新知识、树立新观念，搭建中国与世界各国进行文化交流的桥梁。要加快实施汉语国际推广战略，加快中国文化走出中国、走向世界，不断提升中国的知名度和世界影响力。

第六节 汉语国际教育专业"三位一体"式复合型人才培养目标研究

随着中国综合国力的快速提升、国际地位的持续攀升、国际影响力的迅猛扩大和中外文化交流与经济合作的日益密切，世界上各个国家学习汉语的热情越来越高涨，全球"汉语热"持续升温。在国际上，汉语正逐步成为一种影响力强、辐射范围广的国际语言，学习汉语的外国人呈几何级数增长。在日本、韩国、法国、美国和德国等国家，汉语成为备受关注的第二语言；在澳大利亚和加拿大等国家，选修汉语的学生人数也位居前列；在美国、英国、韩国和泰国等许多国家，中小学已经开设汉语课程。据统计，全球学习汉语的人数已经超过1亿，这导致对外汉语教师的需求量激增。相关统计数据显示，全球汉语教师缺口量已超过500万。

在这种良好的形势下，汉语国际教育专业也以蓬勃之势发展起来。截至2013年，全国共有300多所高校相继开设了此专业，招生本科生近2万人。作为一个崭新的学科，汉语国际教育专业也在实践中不断地解决新问题。当前最亟待解决的问题是人才培养质量与国际汉语教师需求的衔接问题。一方面，国际汉语教师缺口量大；另一方面，学生在国内就业难，对口专业就业率低。所以，为了改善当前这种无法对接的局面，满足国际对汉语教师的需求，国家汉办主任许琳提出"重中之重是要建设一支适应海外教学需要的师资队伍"。因此，培养掌握"双语言"和"双文化"，具有国际视野，能从事对外汉语教学、涉外文秘和涉外管理的"三位一体"式复合型人才成为当前汉语国际教育专业的目标。

随着科学技术的进步和社会的发展，学科之间的分工越来越精细，学科门类日益丰富多样。与此同时，全球范围内经济的发展、国际间交往的日益频繁也使各学科门类之间加强了交叉和融合。由此，人类的知识和经验呈现出多元化、交叉性和综合性的特色，仅仅某一学科难以解决日益复杂的技术和社会问题。相应地，社会上对传统的专业人才的需求也发生了变化。"随着现代科技的发展，学科之间的交叉与综合日益加大，许多重要的成果产生在传统学科的交叉边缘之处，而且人类社会的许多问题需要多学科的协调才能解决，具有跨学科背景的人才日益重要。"[1]复合型人才因为其知识背景的多元化和能力的多重性而日益受到用人单位的青睐。

复合型人才的培养顺应了当前教育改革的方向，《国家中长期教育改革和发展规划纲要（2010—2020年）》提出"坚持以人为本、全面实施素质教育"的战略主题，强调了素质教育在教育改革中的重要地位，全面实施素质教育，培养复合型人才成为21世纪教育改革的重中之重。因此，高等教育要顺应社会对人才的需求，使教育与需求相衔接。培养复合型人才成为当前教育改革的重要使命，也符合了中国所强调的人才强国战略要求。

一、何谓复合型人才

根据《现代汉语词典》的解释，"复合"包括三层意思：一是重新联合或者聚合；二是组合或者综合；三是结合或者合在一起。这三层意思都是强调两种及两种以上的事物的结合或者联合。事物之间的结合不是随意地拼凑在一起，而是各事物之间具有一定的关联性，但又具有各自不同的性质。所以，这些事物能够取长补短、互通有无，产生协同效应。因此，两种及两种以上事物的联合不是简单地遵循1+1=2的数学规律，而是生成与单一事物不同的具有新的意义和价值的复合体，它产生的效果往往是1+1>2。

---

[1] 卢晓东.中美大学本科专业设置比较［J］.比较教育研究，2001，22（2）：18-23.

所谓的复合型人才正是遵循了复合概念多元性的核心意义，形成不同于单一型、专业型人才的显著特色。复合型人才是指具有扎实的交叉学科的知识储备、完善的跨学科知识结构、较强的实践能力和全面和谐发展的潜能，能够利用先进的科学技术手段获得终身学习的能力和独立自主创新创业的能力。霍松林先生非常重视复合型人才的培养，提出"品学兼优、知能合一"。他认为，"知"既要求博，又要求精，而所谓的"能"则是能力和创造，达到学以致用。这是对复合型人才简洁又精要的阐释。复合型人才具备广博深厚的知识，具有崇高的理想、坚定的信念、昂扬的激情，能够求真务实、脚踏实地，善于团结合作，具有分析问题和解决问题的能力，掌握科学方法，富有创新精神。

高度发达的多元社会需要全面发展、德才兼备、知能兼顾的人。时任教育部部长的周济在第二次全国普通高等学校本科教学工作会议上的讲话《大力加强教学工作 切实提高教学质量》中明确提出当前加强本科教学工作的主要任务和基本举措：着眼于国家发展和人的全面发展的需要，加大教学投入，强化教学管理，深化教学改革。坚持传授知识、培养能力、提高素质协调发展，注重能力培养，着力提高大学生的学习能力、实践能力和创新能力，全面推进素质教育。《国家中长期教育改革和发展规划纲要（2010—2020）》也提出了促进人的全面发展，培养复合型人才的精神，"把提高质量作为教育改革发展的核心任务，树立科学的质量教育观"。复合型人才的培养以尊重人的个性、爱好和特长为前提，强调人的全面发展和人与社会和谐共存。在个性和爱好的基础上，发展人的综合能力和专业素质，以适应当前多元社会对人才的需求。

复合型人才培养概念的提出打破了传统学科知识之间的壁垒，改变了专业发展只重"高、精、尖"而轻视"宽、厚、博"的观念，有利于培养跨学科、多能力的人才。复合型人才的培养目标顺应了当前教育教学改革推行"以人为本，全面实施素质教育"的发展趋势。当前的教学改革改变了教学仅仅局限于学校的教与学，而是着重于培养学生终身学习的意识和能力。

二、复合型人才的特征

复合型人才即是人的知识、能力和素质的全面发展。

（一）复合型知识

复合型人才往往具有跨学科和多领域的"网状"知识结构。这种知识结构以所学的专业知识为核心，逐渐形成科学的、合理的不同学科的知识的有机集成，并辐射到其他学科，相互影响、相互作用，从而产生新的知识，形成新的知识体系。复合型知识结构的各种知识不是同等重要的，而是要求知识深度与宽度完美结合，也就是"一专多知"。李岚清同志曾经提出："要注意培养复合型人才，既懂经济贸易，又懂工业农业；既懂经营管理，又懂生产技术。精通一门，兼知其他。""精通一门"是指掌握的专业知识要精深细致，能准确地理解把握相关的专业知识，关注学科最新发展趋势。"兼知其他"是指掌握的知识面的宽度，在掌握专业知识基础之上，不断地涉猎其他学科的知识，以有效地补充本学科的知识结构，开拓视野，增强能力。随着社会的发展和对人才需求质量要求的提高，这种"一专多知"型知识结构人才深受欢迎。

（二）复合型能力

复合型能力强调多种能力的培养。复合型人才应具有学习能力、创新能力、科学研究能力和实践应用能力。学习能力是复合型能力的基础和前提，只有具备较强的学习能力，才能掌握更多的知识和技能。创新能力是指在多学科知识交融的基础上形成新的知识结构，进而激发新的思维方法，以达到对原有知识与能力的超越，能提出解决问题的新方法。科学研究能力是指运用所学习的专业知识，系统地深入研究相关领域的问题，并提出自己独到的见解或解决问题的方法。实践应用能力是复合型能力的最后一个环节，也是最终产生效果的能力，即能够将所学习的理论知识运用于实践，富有成效地处理、解决各种工作问题，随机应对复杂变化的工作环境，能够自如地、协调各种人际关系。各种能力虽然侧重点不同，但是它们是有机地联系在一起的，不可分开，是一个人总体素质的体现。

（三）复合型思维

由于具有多学科的知识结构和多种综合能力，所以复合型人才往往具有复合型思维，能适应当前学科的新发展和国际复杂的新形势。复合型思维是指通过创造性思维，将不同学科、不同的专业知识进行重新组合，以解决各种复杂或者突变的难题。具备复合型思维的人才往往思路灵活，能够与时俱进，具有终身学习和发展的意识，能及时更新自己的知识结构。随着社会的进步和科技的发展，知识更新换代的周期缩短，社会日新月异，具有复合型思维的人才因为具有很强的适应能力和应变能力而受到用人单位的欢迎。

周济部长曾提出要培养"知识面宽、基础扎实、能力强、素质高"的人才。复合型人才的培养并不是千篇一律的全能，而是注重全面发展与个性发展的协同共进，因此在教育中要关注学生不同特点和个性差异，发展每一位学生的优势潜能。在个性发展的基础上，培养学生的实践能力、创新意识和专业技能。注重因材施教，推动人才向多样化和适应性强发展，增加培养人才的可操作性。

三、汉语国际教育专业复合型人才的要求

培养复合型人才是顺应当前社会发展、科学技术进步、学科门类更新和高等教育改革的必然选择。在全球化语境中，为了推进汉语和中华文化走向世界，培养适应汉语国际推广新形势、国际化教育新理念的复合型人才成为汉语国际教育专业的迫切任务。与现代教育理念衔接，顺应国际人才市场需求，构建知识、能力、素质协调发展的复合型人才培养目标，提升人才培养质量是顺利完成这个任务的有效途径。

想要实现复合型人才的培养，就要审视学科的特点和专业的发展现状。①汉语国际教育属于交叉学科，跨越多种门类，其基础学科是语言学、文字学、教育学，支撑学科是外语、书法学、体育教育、音乐教育、传播学、管理学、秘书学等。②由"对外汉语"更名为"汉语国际教育"实现了汉语教学的国际化转向，教学对象更加多元化。一方面，汉语学习者的文化背景更加复杂，往往来自不同国家、不同地域、不同民族，具有不同肤色和不同信仰等；另一方面，汉语学习者的专业丰富多样，往往涉及医学、国际贸易、法律、新闻、艺术、建筑、民俗、政治和经济等多种学科或领域。③当今世界，国家之间的竞争已不仅是经济实力和军事力量的较量，文化的地位和作用也越来越突出，文化软实力成为衡量国家综合竞争力的重要指标。汉语作为中国文化传承和发展的载体，已经成为提升国际文化软实力的重要组成部分。因此，汉语国际教育应该同时包括对外汉语教学和中华文化推广与传播，肩负着"让中国走向世界，让世界了解中国"的历史

重任。汉语国际教育的发展对提高中国的国际地位，提升中华文化的国际影响力具有举足轻重的作用，其地位和作用日益凸显出来。

汉语国际教育专业的复合型人才是指具有扎实的汉语言文学基础知识和过硬的专业技能，能系统地掌握并灵活地运用第二语言教学理论和教学方法，掌握跨文化交流和中外文化发展史的知识，具有较强的实践能力和突出的创新能力，能胜任对外汉语教学和中华文化国际推广，具有较强的异域文化背景适应能力、协调技巧和跨文化交际能力，能够从事涉外管理、涉外文秘工作，具有初步的科学研究素养和能力的人才。

（一）复合型知识结构

汉语国际教育专业的跨学科性决定了其对人才知识结构的要求的多元性，因此要培养能够掌握多门学科知识、涉猎多种学科领域的复合型人才。汉语国际教育专业属于交叉学科，跨越语言学、文学、教育学、心理学和教学法等学科，这必然需要学生具有广阔的知识面，形成复合型知识结构，既要掌握精深的汉语国际教育专业知识，以汉语语言学习与教学、涉外管理和涉外文秘为核心，又要掌握丰富多样的文化知识，精通灵活多样的教学技能。

"信息和交通发达的社会，既需要专家，也需要通家，也就是'一专多能'，特别是在应用层面，必须是通家。因此，我们个人的知识结构和汉院（北京师范大学汉语文化学院）的人才结构必须开始慢慢进行调整。"[1]汉语国际教育专业的人才如果知识面窄，就不能适应国际上对汉语教师的需求。因为孤立地学习一门专业知识，而不涉猎其他的相关知识，这就如无源之水、无本之木，对本专业知识也不会有深入的把握和透彻的了解。只有较强的汉语能力，不懂英语或者其他外语，不能适应其他国家的生活，不能很好地进行交流，就无法进行汉语教学。只懂中国文化，而不能把中外文化进行比较，就无法深入地理解不同民族文化的特定内涵，就不能胜任中华文化国际推广工作。

同时，汉语国际教育复合型知识结构应以专业基础知识为核心。"知识传授应尽量全面系统，但应突出汉语汉字基础知识和中华文化知识的教

---

[1] 许嘉璐.继往开来，迎接汉语国际教育的新阶段[J].北京师范大学学报（社会科学版），2012（5）：14-20.

学……而不论从事何种类型的汉语教学，不论在何处进行汉语教学，都离不开这两项内容，因此它们当是知识教学的核心。"❶本专业的学生要能够熟练地掌握汉语语言基础知识，如语音、词汇、修辞、语用知识、语法结构、固定用法、习惯表达和汉字书写等；要具备扎实的汉语口头和书面语言表达能力，能够流畅地进行汉语口语交流，正确地书写书面材料；要能深入地理解中国哲学和文学艺术的精神内涵，熟悉中国礼仪、风俗、习惯、节日等，了解中国特色的音乐、绘画、舞蹈、建筑。只有真正地了解国学经典、历史典故、诗词歌赋、国粹艺术、文化遗产等中华文化的博大精深和独特魅力，才能够对具有中国特色、中国气派、中国风格的中华文化进行国际推广。

（二）复合型语言结构

语言是人类最重要的交流工具，是人类区别于动物的重要标志。只要有人存在的地方，就需要借助语言这一媒介进行交流。"语言除了作为获取信息、交流信息的工具和媒介外，还具有经济学的属性，即价值(Value)和效用(Utility)、费用(Cost)和效益(Benefit)等。由于经济的全球化，各国经贸往来日益频繁，商品和劳务输送需要通过语言传达，技术的分享更需要语言的交流。尤其是在21世纪的知识经济时代，强调的就是信息化，所谓信息化就是利用电脑和网络对信息进行收集、整理、储存、交换和检索的过程，其中的基本元素也是语言与文字；信息化的过程也就是语言文字应用的过程。"❷汉语国际推广的核心是汉语的推广，其专业特色是国际化。所以，本专业的学生应该具有较强的语言能力，除了精准地掌握汉语，精通英语之外，还应该学习第二外语，以更有效地从事汉语教学活动或行政管理、文化交流活动。

一是要具有扎实的汉语基础。汉语是中华民族的智慧结晶，凝聚了无数代人的心血，承载着中华文化的发展历程。"语言是文化的载体，它承载着文化，积淀着文明，是民族的符号和象征，是一个民族全部优秀历史传

---

❶ 李泉.汉语国际教育硕士培养目标与教学理念探讨[J].语言文字应用，2009(3)：105-112.

❷ 胡范铸，刘毓民，胡玉华.汉语国际教育的根本目标与核心理念——基于"情感地缘政治"和"国际理解教育"的重新分析[J].华东师范大学学报(哲学社会科学版)，2014(2)：145-150.

统和发展的见证者和代言者，对于凝聚民族感情、促进民族团结、传承民族文明起着不可替代的作用。"❶汉字的造字法是非常独特的，相对于字母的书写和发音，汉字有着更多元的意义和表达方式。汉字的间架结构和独特的造字法内在地反映了中华民族的文化内涵、精神风貌和思想观念。因而，汉语不仅是人与人之间传递信息、交流情感的中介符号，也是中国历史文化的形象记载。汉语教学和汉字文化推广一方面教会外国人使用汉语，另一方面承担着传播中华文化的任务。因此，汉语国际教育专业的学生必须掌握扎实的汉语基础知识，具备较强的汉语口头和书面表达能力。

二是能进行英语的听、说、读、写。当前，英语已经成为全球使用范围最广泛的语种，在英语国家和非英语国家英语往往成为通用语言。所以，为了更便利地进行国际交流和对话，汉语国际教育专业的学生必须精通英语，具有扎实的英语语言基础知识和较强的英语综合运用能力。扎实的英语语言基础是指准确地掌握英语的语音和语调，熟悉英语的词汇、语法、惯用法和修辞技巧，按照英语的表达习惯进行遣词造句、谋篇布局，避免中式英语或中英混杂，养成纯正的英语表达习惯。英语综合运用能力包括听、说、读、写、译的英语技能，要熟悉英语的语言传统和文化习惯，能够在各种工作场合使用英语进行交流。掌握英语可以方便与来自世界各地的人进行交流和沟通。因此，汉语国际教育专业的学生要掌握英语能力，掌握英语的语音、语法、词汇、表达习惯、修辞方式等，精通口语和书面语言的表达习惯，能够运用英语从事汉语教学或各种涉外活动。

（三）复合型专业能力

汉语国际教育专业作为应用型专业，教师必须提高学生的工作能力，针对本专业的特点，培养学生具有汉语作为第二语言的教学能力、良好的跨文化交际能力和较强的跨地域适应能力。

首先，能够"胜任各种类型的汉语教学，掌握熟练的汉语教学技能，具备高超教学艺术"❷。由于汉语国际教育的国际特色，汉语教学对象的文化背景复杂多元、汉语水平差距较大、接受能力不一、年龄参差不齐，所以

---

❶ 赵慧.双语教学纵横谈[M].天津：天津教育出版社，2006：23.
❷ 李泉.汉语国际教育硕士培养目标与教学理念探讨[J].语言文字应用，2009(3)：105-112.

要求学生能够具有较强的教学能力,能够根据变化的教学环境和教学对象,圆满地完成教学任务。

其次,汉语国际教育专业的对外汉语教学和中华文化传播与推广同步进行,两者相辅相成、相互促进,任何一方都不可偏废。所以,学生还应该具有丰富的跨文化交际知识和良好的跨文化交际能力,以达到中国文化国际推广,提高中国文化 软实力的目的。2013年12月30日,习近平在中共中央政治局第十二次集体学习时发表重要讲话:"提高国家文化软实力,要努力提高国际话语权,加强国际传播能力建设,精心构建对外话语体系,发挥好新兴媒体作用,增强对外话语的创造力、感召力、公信力,讲好中国故事,传播好中国声音,阐释好中国特色;要加大对中国人民、中华民族的优秀文化和光荣历史的正面宣传力度。"这一段讲话强调了对外宣传的重要性和迫切性。提高中国的国际话语权的前提是让世界了解中国,让中国走向世界。汉语国际教育专业突出"国际"二字,正是为了向世界人民宣传中国优秀文化和光荣历史,让更多的世界人了解中国的过去和现在,使中国更好地走向未来。

最后,学生应具有较强的跨地域适应能力。汉语国际教育是全世界范围的汉语教学和文化推广工作,工作的自然环境、人文环境复杂多样,教学对象和工作对象背景复杂,再加上不同国家和不同地域的文化传统、风俗习惯、宗教信仰等存在巨大的差异,所以不能采用"一刀切"的教育教学方式,而是需要因地制宜、因材施教,这就使这项工作更加复杂。因此,从事这一职业的教师必须具有较强的适应能力和应变能力,能适应风云变幻的国际环境和多种多样的教育环境,能够针对对象的不同、国家和民族的差异、年龄的悬殊、接受能力的快慢调整交流方式或教学方法,具有解决动态问题的能力,灵活应变各种突发问题和棘手事件,以消除不同文化之间的隔阂。

第七节　汉语国际教育专业人才培养的实现途径

汉语国际教育专业要培养"三位一体"式复合型人才,满足国际国内涉外企事业单位、高等院校等对高素质、强能力、宽口径的汉语国际教育专业人才的需求,提高人才培养质量,优化人才知识结构,推进人才素质教育。汉语国际教育专业需通过强化专业基础理论教育、注重实践训练和突出能力培养三个循序渐进的途径达到人才培养的目的。

一、强化专业基础理论教育

经过数十年的发展，汉语国际教育专业已经明确了专业方向和发展思路，有条不紊地推进专业建设，形成了科学、系统的专业课程教学体系。汉语国际教育专业以对外汉语教学、涉外文秘和涉外管理三个方向为核心，形成了"语言文化""秘书学"和"管理学"三大学科理论体系。

针对汉语国际教育专业基础知识的学习，应在课堂教学中以"理论的应用"为讲授重点，提高学生对理论指导实践作用的认识；以生动的留学生汉语教学实践诠释理论，引发学生的理论学习兴趣；以讨论和互动的教学方法，培养和训练学生的创新思维；以学年论文、毕业论文为重点，提高学生的理论应用能力。

汉语教学不仅仅是知识的掌握，还要求对知识能够灵活运用，将语言文化有效地传播。传统的填鸭式教学方法存在的缺陷在汉语国际教育专业教学上更加突出。学生死记硬背的知识不能有效地转化为教学能力。所以，在课堂上要改变传统的教师讲授，学生被动接受的教学模式，这种机械式的接受模式只是知识的传递，就像赛场上的接力棒从教师到学生的传递，没有发生质的变化，只是原样转移。

在汉语国际教育专业的教学中，需要革新传统的教学法，树立新的教育观念，重点培养学生的独立学习能力和自主获取知识的意识，激发学生学习兴趣和积极投身于实践的热情。教师应将课堂教学与课外学习、实践活动有机结合起来。如今，网络课程作为课堂学习的延伸，为学生自学提供了一个平台。所以，教师可以根据学生接受能力、时间和兴趣爱好，形成个性化的学习方式。还可以采用讨论式和探讨式教学法，这样学生不但可以学习知识，而且可以掌握学习知识的方法，熟悉传授知识的技巧，以无障碍地进行角色的转化，从受教者直接过渡到传教者。这种通过汉语辅导、教学实习、科研能力的培养等方式，从更高的理论层面上发展了学生的能力，使其不但知其然，而且知其所以然。

二、注重实践训练

《国家中长期教育改革和发展规划纲要（2010—2020年）》提出注重知行统一，坚持教育教学与生产劳动、社会实践相结合。教学实践改革是当前高等教育的重要问题之一，培养高素质、强能力的"三位一体"式复合型人才，针对汉语国际教育专业的国际化和综合性特色，更应加强实践教学环节，强化学生应对各种工作环境的能力。按照不同方向培养方案对学生专业技能的要求，形成由专业技能、综合技能、创新技能构成的技能教学体系。开设各专业独立的实践课程，采用阶梯式的训练方法，促使学生将理论知识转化为应用技能，加快学生语言教学技能、秘书实务技能、涉外管理技能的积累，培养学生实践能力和创新精神。

（一）把各实践环节切实落实到位

由于传统教育观念的局限、师资和基金的不足，某些实践环节往往流于形式，而缺乏实际操作。应切实将各个实践环节落实到位，形成环环相扣的链条结构。每个环节都安排指导教师，构建完整的考核体系，只有考核合格的学生才能进入下一个实践环节，如果考核不合格，和其他课程的补考一样，再次参与实践活动。

在课堂上，教师应该改革传统的讲授式教学法，合理地运用情境教学法、参与式教学法、讨论式教学法，调动学生学习的主动性和积极性，引导学生将实践经验与课堂学习密切结合起来。在课堂外，学校积极组织开展大学生社团的各种社会实践活动，参与假期的"社会课堂"，组织学生积极参与大学生创新创业项目。

（二）拓展灵活多样的实践方式

在原有的教学实习、实训基础上加强顶岗实习，通过建立稳定的校外实训基地，使学生能够真正参与工作，动手动脑操作，在教育教学工作、各种管理工作、文秘工作和涉外的文化交流中发挥作用。"国际汉语教师作为一种职业资格，必须经过一定时间的实践操练，通过资深教师的指点、实习教师之间的相互观摩、评课、切磋、改进，不断自我反思，才能将所学理论知识、教学方法转化为教学技能。"❶因此，培养汉语国际教育优秀教师必须完善实践环节，为学生提供多渠道的实习、实践机会，使学生在工作中得到经验，获得教学能力和交往能力。

（三）增强实践环节的可操作性和有效性

为了使学生真正获得能力，必须强调实践环节的可操作性和有效性，避免眼高手低。所以，实践环节的设计应该从观摩到亲自工作有一个完整的方案，使学生能够逐渐掌握各种技能，直到能够独立工作，最终使教学与社会工作有机衔接起来。

毕业论文是实践的一个主要环节，要革新毕业论文的选题和设计方式，突出毕业论文与学生的实习实践工作的有机联系。学生的毕业论文选题要求与其实习实践活动相关，学生将自己在实习实践工作中的经验进行总结，并将其进一步升华为理论思考，在指导教师的指导下，完成具有独创性和专业性的毕业论文。在毕业论文写作中，突出学生的主体性和兴趣特长，将理论总结与实践有机结合起来。建立在实习实践基础上的毕业论文是学生自己的经验总结，有话可说，有事可讲，可以避免学生无话可写的僵局，避免雷同和抄袭。同时，以相关的实践数据、实践材料和实践内容为支撑，避免大而空的主题。这种毕业论文设计方式可以有效地激发学生的学习兴趣和科研兴趣，也有利于为学生的进一步科学研究打下坚实的基础。

（四）突出专业特色，增加中华文化才艺实践训练的实践环节

汉语国际教育专业突出的特色是国际语言和文化交流，在此活动中，越是民族的东西越是世界的，此专业的学生应该掌握中华文化和才艺，在文化交流和传播中向世界展示中国独特的魅力，如剪纸、太极拳、二胡等。

这些教学实践环节的设计改变了以往学生被动接受知识，怠于动手动脑的局面，逐步训练了学生养成动手动脑的好习惯，也增强了学生的实际操作能力，培养了学生的创新意识和独立精神，营造了创新创业的氛围，打造了创新创业的良好平台。

---

❶ 高小平.国际汉语教师师资教育与教师自我发展[C]//曹顺庆，等.第十一届国际汉语教学学术研讨会论文集.成都：四川出版集团，2013，83.

三、突出能力培养

顺应当前国际教育的发展趋势和高等教育体制的深化改革，突出学生的能力培养成为汉语国际教育专业的重要任务。

（一）培养学生终身学习的能力

随着现代科学技术的飞速发展，知识更新周期缩短，知识结构不断优化，要想跟上时代发展的步伐，必须不断地学习新知识，补充新能量，所以学习变得越来越重要。中共中央、国务院印发的《国家中长期教育改革和发展规划纲要（2010—2020年）》中提出"基本实现教育现代化，基本形成学习型社会"。只有形成学习型社会，才能不断提升人才培养质量，储备具有新知识、新思想和强能力的复合型人才，中国才能进入人力资源强国行列。

中国传统的教学方式是注重教师"教"，强调知识的传递，这种方式确实夯实了学生的专业基础。但是，由于突出了学生对知识的学习，弱化了学生对学习能力的掌握，学生最终养成了被动接受的习惯，缺乏自主学习知识的能力。为了改变这种尴尬的局面，《国家中长期教育改革和发展规划纲要（2010—2020年）》提出了"注重学思结合。倡导启发式、探究式、讨论式、参与式教学，帮助学生学会学习。充分发挥学生的主体作用"。汉语国际教育专业依据《国家中长期教育改革和发展规划纲要（2010—2020年）》的精神，改革现有的课堂模式、课程体系设计和教育教学理念，不仅教给了学生知识，还培养了学生的学习能力，激发了学生的学习兴趣，使学生形成了主动学习和自觉接受新知识的意识。

21世纪的学生不仅要学会学习，还要进一步养成终身学习的习惯。终身学习将成为开启未来大门的钥匙。联合国教科文组织发布的重要教育文献《教育——财富蕴藏其中》提出了终身教育的思想，"我们应该采用终身教育的概念，因为它有灵活、多样和容易进入时间和空间的优点"。终身教育和终身学习都是一种持续不断地接受知识的过程。只有学生持续地学习，才可以使自身自如地适应职业生活的变化，应对未来环境中的风险和挑战；只有及时更新知识结构，完善学科知识，才能适应变化了的环境，在竞争激烈的社会中保持优势地位。在变化了的环境中不断更新知识结构，接受新知识和新思想，尤其是在知识更新换代频率加快、科技日新月异的今天，只有具有终身学习的能力，才能增强自身的适应性和竞争力。

（二）培养学生做事的能力

"学习能力"和"做事能力"犹如鸟的双翼，任何一方都不能偏废。只有两者同时发展，才能成为高素质、强能力的优秀人才。学习的最终目的是实践，解决实际生活中的问题，应对各种复杂的情况甚至某些棘手的突发事件。而解决实际工作问题的能力建立在扎实的专业基础之上，没有扎实的学科知识，做事的能力就成为空中楼阁。

在以知识为核心的传统教育中，学生虽然掌握了丰富的知识，但忽略了将知识进一步升华为"学会做事"这一过程。同样的知识结构和信息储备，做事的方式不同所产生的效果也是不同的。尤其是在汉语国际推广事业中，学生所遇到的问题和所面对的人员更加复杂多变，所以必须具有做事的能力，以应对不断变化的工作环境。

汉语国际教育专业需要知识面广、做事能力强的复合型人才。这就要求学生学会自我发展，学会共同生活，将所学的知识转化成实践能力，不仅包括从事语言教学和文化传播的能力，还包括处理来自不同文化背景的复杂的人际关系、处理集体合作事项、处理文化冲突等的能力，以及应对突发事故和灾难的反应能力等。汉语国际教育推广具有国际交流的特殊性，其主要的对象是来自世界各国的语言学习者，所以教师要具有较强的适应能力和文化接纳能力，能与不同语言环境、不同民族性格的人友好地交往和合作，具有较强的协调能力。

（三）培养学生基本的职业技能

汉语国际教育专业应该培养学生的职业基本技能，对学生的听、说、读、写能力进行全方位的训练。训练的内容包括书法、普通话、演讲、写作、阅读五项能力，并要建立相应的评价标准。在大学三年级时对五项能力进行测试，60分为及格，五项全及格者可以得到学院颁发的五项全能达标合格证书。不及格者进一步加强训练，最终达到学院规定的标准。例如：在本科的教学中，开设书法课。在班级和院内开展普通话演讲比赛，每一名学生都必须参加。规定学生毕业前在公开发行的刊物上发表至少一篇文章，超额完成的部分给予加学分的奖励。给学生开列必读书目，并让学生挑选自己感兴趣的书目写2 000～3 000字的评论文章，每学期至少两篇。

参考文献

[1] 李泽厚.美学三书[M].合肥：安徽文艺出版社，1999.

[2] 王杰.审美幻象研究：现代美学导论[M].桂林：广西师范大学出版社，1995.

[3] 王杰.美学[M].北京：高等教育出版社，2008.

[4] 王杰.审美幻象与审美人类学[M].桂林：广西师范大学出版社，2002.

[5] 邓晓芒，易中天.黄与蓝的交响：中西美学比较论[M].武汉：武汉大学出版社，2007.

[6] ［法］阿尔都塞.哲学与政治：阿尔都塞读本[M].陈越，译.长春：吉林人民出版社，2004.

[7] ［美］贝尔.意识形态的终结：50年代政治观念衰微之考察[M].张国清，译.南京：江苏人民出版社，2001.

[8] ［美］门罗.走向科学的美学[M].石天曙，滕守尧，译.北京：中国文艺联合出版公司，1984.

[9] ［美］克利福德·格尔茨.文化的解释[M].韩莉，译.南京：译林出版社，2008.

[10] ［美］舒斯特曼.实用主义美学：生活之美，艺术之思[M].彭锋，译.北京：商务印书馆，2002.

[11] ［美］迪萨纳亚克.审美的人：艺术来自何处及原因何在[M].户晓辉，译.北京：商务印书馆，2004.

[12] ［美］房龙.人类的艺术[M].衣成信，译.北京：中国和平出版社，1996.

[13] 吴超.中国民歌[M].杭州：浙江教育出版社，1995.

[14] [俄]康定斯基.论艺术的精神[M].查立,译.北京:中国社会科学出版社,1987.

[15] [美]詹姆逊.后现代主义与文化理论[M].唐小兵,译.北京:北京大学出版社,1997.

[16] [美]詹姆逊.布莱希特与方法[M].陈永国,译.北京:中国社会科学出版社,1998.

[17] [美]詹姆逊.语言的牢笼马克思主义与形式[M].李自修,译.南昌:百花洲文艺出版社,2010.

[18] [美]詹姆逊.语言的牢笼:结构主义及俄国形式主义[M].钱佼汝,译.南昌:百花洲文艺出版社,1997.

[19] [美]詹姆逊.政治无意识:作为社会象征行为的叙事[M].王逢振,陈永国,译.北京:中国社会科学出版社,1999.

[20] [美]詹姆逊.论全球化的影响[C].王逢振.2001年度新译西方文论选.桂林:漓江出版社,2002.

[21] [美]詹姆逊.快感:文化与政治[M].王逢振,等译.北京:中国社会科学出版社,1998.

[22] [美]詹姆逊.晚期资本主义的文化逻辑[M].陈清侨,等译.北京:生活·读书·新知三联书店,1999.

[23] [美]詹姆逊.时间的种子[M].王逢振,译.桂林:漓江出版社,1997.

[24] [美]詹姆逊:文化转向[M].胡亚敏,等译.北京:中国社会科学出版社,2000.

[25] [美]詹姆逊,三好将夫.全球化的文化[M].马丁,译.南京:南京大学出版社,2002.

[26] 王逢振.詹姆逊文集·文化研究和政治意识[M].北京:中国人民大学出版社,2004.

[27] [美]罗斯.后现代与后工业[M].张月,译.沈阳:辽宁教育出版社,2002.

[28] 陈永国.文化的政治阐释学:后现代语境中的詹姆逊[M].北京:中国社会科学出版社,2000.

[29] 陆俊.理想的界限:"西方马克思主义"现代乌托邦社会主义理论研究[M].北京:社会科学文献出版社,1998.

[30] 马驰."新马克思主义"文论[M].济南:山东教育出版社,1998.

[31] 马驰.马克思主义美学传播史[M].桂林:漓江出版社,2001.

[32] 毛崇杰.20世纪中下叶的马克思主义美学思想[M].北京:中央编译出版社,1999.

[33] 王岳川.后现代主义文化研究[M].北京:北京大学出版社,1992.

[34] 谢少波,王逢振.文化研究访谈录[M].北京:中国社会科学出版社,2003.

[35] 谢少波.抵抗的文化政治学[M].陈永国,汪民安,译.北京:中国社会科学出版社,1999.

[36] 周宪.20世纪西方美学[M].南京:南京大学出版社,1997.

[37] 多克.后现代主义与大众文化[M].吴松江,张天飞,译.沈阳:辽宁教育出版社,2001.

[38] 鲁迅.鲁迅全集[M].北京:人民文学出版社,1981.

[39] 伊格尔顿.历史中的政治、哲学、爱欲[M].马海良,译.北京:中国社会科学出版社,1999.

[40] [英]伊格尔顿.马克思为什么是对的[M].李杨,任文科,郑义,译.北京:新星出版社,2011.

[41] [德]阿多诺.美学理论[M].王柯平,译.成都:四川人民出版社,1998.

[42] [德]卡尔·曼海姆.意识形态与乌托邦[M].艾彦,译.北京:华夏出版社,2003.

[43] [德]霍克海默,阿多诺.启蒙辩证法:哲学断片[M].渠敬东,曹卫东,译.上海:人民出版社,2003.

[44] [德]本雅明.机械复制时代的艺术作品[M].王才勇,译.北京:中国城市出版社,2002.

[45] [德]本雅明.经验与贫乏[M].王炳钧,译.天津:百花文艺出版社,1999.

[46] [苏]普拉东诺夫.切文古尔镇[M].古扬,译.桂林:漓江出版社,1997.

[47] ［美］丹尼尔·贝尔.资本主义文化矛盾［M］.赵一凡,蒲隆,任晓晋,译.北京：生活·读书·新知三联书店，1989.

[48] 马克思,恩格斯.马克思恩格斯选集［M］.中共中央马克思恩格斯列宁斯大林著作编译局,编译.北京：人民出版社，1972.

[49] 蒋原伦.传统的界限：符号、话语与民族文化［M］.北京：北京师范大学出版社，1998.

[50] 滕守尧.审美心理描述［M］.北京：中国社会科学出版社，1985.

[51] 曹振峰.黄河万里寻面花［M］.长沙：湖南美术出版社，2005.

[52] 沈宇.关中面花［M］.西安：西北大学出版社，2008.

[53] 史耀增,华年.合阳面花［M］.长沙：湖南美术出版社，1999.

[54] 王江,段改芳.民间面花［M］.北京：中国轻工业出版社，2008.

[55] 安新鲜.高平民间面塑［M］.北京：北京工艺美术出版社，2011.

[56] 安新鲜.晋城民间面塑［M］.北京：北京工艺美术出版社，2010.

[57] 鲁汉.民间面花［M］.南昌：江西美术出版社，2006.

[58] 张青.山西民间礼馍艺术［M］.哈尔滨：黑龙江美术出版社，1999.

[59] 张潇娟.渭南面花［M］.西安：陕西人民美术出版社，2008.

[60] 方李莉.西行风土记：陕西民间艺术田野笔记［M］.北京：学苑出版社，2010.

[61] 唐家路.民间艺术的文化生态论［M］.北京：清华大学出版社，2006.

[62] 廖育群.传统手工技艺的保护和可持续发展［M］.郑州：大象出版社,2009.

[63] 强东红.陕北民歌的审美维度与文化价值研究［M］.北京：人民出版社，2019.

[64] 托尼·本尼特.文学之外［M］.强东红,等译.北京：人民出版社，2016.

[65] 夏因尔.艺术的发明：一部文化史［M］.强东红,译.北京：北京出版中心，2019.

[66] 王杰.当代中国语境中的审美意识形态理论［J］.文艺研究，2006（8）：13-21.

[67] 洪毅然.美与"人的本质力量对象化"［J］.文艺研究，1989（4）:20-24.

[68] 杨春时.关于大学教材的学术性和学术创新:《美学》写作经验谈[J]. 中国大学教学, 2005(4): 63-64.

[69] 王杰.民歌与当代大众文化:全球化语境中民族文化认同的危机及其重构[J].广西民族大学学报(哲学社会科学版), 2006(6): 64-68.

[70] 强东红.文化治理与民歌资源:以陕北秧歌剧《米脂婆姨绥德汉》为例[J].马克思主义美学研究, 2018(1): 144-155,279-280.

[71] 强东红.身体性经验的政治维度及学科意义:以民歌《高大人领兵》对"同治回民起义"的表征为例[J].云南大学学报(社会科学版), 2016(4): 116-122.

[72] 赵小琪, 李朝明.鲁迅小说的寓言性[J].鲁迅研究月刊, 2000(5): 30-33.

[73] 汪行福.乌托邦精神的复兴:西方马克思主义对乌托邦的新反思[J]. 复旦学报(社会科学版), 2009(6): 11-18.

[74] 池莉.看麦娘[J].大家, 2001(6): 6-29.

[75] LIFSHITZ M. The philosophy of art of Karl Marx [M]. London: Pluto Press, 1973.

[76] LUKáCS, GRudnick H H, Paetzke H H, et al. Gelebtes denken: eine autobiographie im dialog [M]. Frankfurt am Main: Suhrkamp, 1981: 141.

[77] MITCHELL, S. Mikhail alexandrovich lifshits(1905-1983)[J]. Oxford Art Journal, 20(2) 23-41.

[78] PAVLOV E V. Perepiska [Letters], mikhail lifschitz and györgy lukács, moscow: grundrisse, 2011; pisma V. dostalu, V. arslanovu, M. mikhailovu [letters to V. dostal, V. arslanov, M. mikhailov], mikhail lifschitz, moscow: grundrisse, 2011 [J]. Historical Materialism ,2012,20(4).

[79] JAMESON F. The political unconscious [M].New York: Cornell University Press, 1982.

[80] SCHILLER F V. The aesthetic education of man, trans. reginald snell [M]. New Haven: Yale University Press, 1954.

[81] Towarda general theory of action [M].Cambridge: Harvard University Press, 1952.

[82] TALCOTT P. The soctal system［M］.New York: The Free Press, 1951.

[83] MILLS G.Art: An introduction to qualitative anthropology［M］//JOPLING C.Art and Aesthetics in Primitive Societies New York: E.P. Dutton, 1971.

[84] THOMPSON R.Abatan: A master potter of the egbado yoruba［M］// BIEBUYCK D. Tradition and creativity in tribal art .Berkeley: University of California Press, 1969.

[85] GOODALE J, KOSS J.The cultural context of creativity among the Tiwi［M］// HELM J. Essays on the verbal and visual arts .Seattle: American Ethnological Society, 1967.

[86] RADCLIFFE-BROWN A R. The andaman islanders［M］.Cambridge: Cambridge University Press, 1922.

[87] MALINOWSKI B.Myth in primitive psychology［M］//MALINOWSKI B. Magic, science and religion. New York: Doubleday and Co., 1954.

[88] KARDINER A. The individual and his society: The psychodynamics of primitive social organization［M］New York: Columbia University Press, 1939.

[89] LEVINE M H, GERBRANDS A A, BAAREN-PAPE G E. Art as an element of culture especially in Negro Africa［J］.The Journal of American Folklore, 1960, 73（288）:170.

[90] BARRY H.Relationships between child training and pictorial arts［J］. Journal of Abnormal and Soczal Psychology, 1957,54（3）:380-383.

[91] MALINOWSKI B.Myth in Primitive Psychology［M］// Magic, Science and Religion. New York: Doubleday and Co, 1954.

[92] BURKE K. The philosophy of literary form［M］.New York: Random House, 1941.

[93] ABRAHAMS R. Deep down in the jungle［M］.Chicago: Aldine, 1970.

[94] ANDREJEWSKI B W,LEWIS I M. Somali poetry: An introduction［M］. Oxford: Clarendon Press, 1969.

[95] CLAUDE L S.Structural anthropology［M］.New York Anchor Books-Doubleday, 1967.

[96] FISCHER J L.Art styles as cultural cognitive maps [J]. American Anthropologist, 1961, 63（1）:79-93.

[97] PEACOCK J. Rites of modernization: symbolic and social aspects of indonesian proletarian drama [M].Chicago: University of Chicago Press, 1968.

[98] BARNETT H G. Innovation:The baszs of cultural change [M].New York: McGraw-Hill, 1953.

[99] BRUNER J. On knowing: essays for the left hand [M]. New York: Atheneum, 1971.

[100] ARNHEIM R. Art and visual perception: a psychology of the creative eye [M]. Berkeley: University of California Press, 1971.

[101] TONKIN E, FORGE A. The spatial presentatton of cosmic order in walbiri lconography [M] // Primitive art and society. London: Oxford University Press, 1973.

[102] HAUSER A. The social history of art [M].New York: Vintage Books-Random House, 1951.

[103] FIRTH R.The spatial presentatton of cosmic order in walbiri lconography [M] // TONKIN E, FORGE A. Primitive art and society. London: Oxford University Press, 1973.

[104] GABO N, PEVSNER A.The realistic manifesto [M] //BANN S. The Tradition of Constructivism. New York： The Viking Press,1990: 197.

[105] SIMON L H, MARX K. Selected Writings [M]. Cambridge： Hackett Publishing Company, 1994, 66.

[106] GAJO P. Marx in the mid-twentieth century: a yugoslav philosopher reconsiders karl marx's writing [M]. Garden City: Anchor Books, 1967, 172.

[107] GRLIĆ D. Contra dogmaticos [M]. Praxis：Zagreb, 1971.

[108] MARX K, SIMON L H.The labour process and the valorization process [M] // Marx. Selected writings.Cambridge: Hackett Publishing Company, 1994, 274.

[109] KORDELA K. Surplus: Spinoza, Lacan [M].New York：State University of New York Press, 2007.

后 记

我对于文艺学的倾心和喜爱已有 22 年之久。其机缘起始于 1998 年，我正在聊城师范学院（2002 年改名为聊城大学）读大二。有一天，我从图书馆借了一本研究尼采的著作，书的具体名字已经记不得了，不过，书中阐述的尼采的"日神精神""酒神精神"给我留下了极其深刻的印象。当时学识浅薄，还不能完全理解其中的精妙，但是，尼采思想的深刻却深深地吸引了我。随之，我借了更多尼采的著作和对其思想进行阐释的书籍，读后还和同宿舍的张成莉一起讨论、一起研究。由于对尼采的悲剧哲学感兴趣，我逐渐地接触到了叔本华等其他一些哲学家。随着对这些大师思想的深入解读，我渐渐地意识到理论的东西可以让人更加清醒地认识世界和自我。于是，在报考研究生时，我毫不犹豫地选择了文学中偏向理论的文艺学。

2001 年，我报考了暨南大学文艺学专业，因为政治差 2 分，没有达到国家划定的分数线，只好选择调剂到广西师范大学。研究生考试时，暨南大学考的专业课是文学理论和批评写作，而广西师范大学复试时侧重的是美学。值得庆幸的是，大学期间我喜欢读理论方面的书籍，曾经把李泽厚先生的《美的历程》认真地读了 3 遍。凭借着并不深厚的理论功底，我磕磕绊绊地完成了笔试和面试。考试结束后，我心里没有底，不知道结果会怎么样。一方面，自己迫切地渴望能够读研究生；另一方面，又担心尽管被录取，却是自费生。自费生每年学费 6000 元，3 年 18000 元，对于经济极为困顿的我来说，这是一个天文数字。我去桂林参加复试的路费还是向同学楚桂红借的。

为了能够读公费的研究生，年轻无知的自己也是颇为努力，现在想来也是初生牛犊不怕虎。在同是聊城师范学院毕业，已经在广西师范大学读研究生的师姐张艳艳的帮助下，我找到了莫其逊老师，向莫老师陈述了我经济上的困难，希望能够被录取为公费生。虽然当时莫老师只是说要看复试成绩，没有直接答应我，但是我一直觉得应该是起了大作用的，最后我被录取为公费生，顺利地读上了文艺学专业。至今，我都对莫老师心存感激。莫老师大概早已忘记了此事，但这次的经历对我来说，影响是巨大的，无论对我的学术生涯还是人生命运，都起到了决定性的作用。

我没有考入暨南大学，被调剂到广西师范大学是不幸中的幸运，因此才有了认真地学习马克思主义思想的机会。在文艺学研究生课程中，王杰、马驰、莫其逊等老师带领我们阅读马克思主义经典著作，为我日后从事文艺美学的教学和研究工作奠定了扎实的基础。王杰教授主编的《马克思主义美学研究》一直以来都是我获取马克思主义思想研究前沿信息的重要资源，我在《广西民族研究》《民族艺术》等刊物上发表的文章和主持的国家艺术学项目的不少思想火花都是从中获得的。

此书即将出版之际，我的女儿15岁，儿子3岁。孩子们的懂事乖巧，使得我有时间和精力从已经相当繁忙的各类事务中抽出时间完成本书的写作。虽然这个过程充满了艰辛和劳累，但结果是喜人的。

亲朋好友的大力支持，家人的陪伴和鼓励，使我在坎坷的学术道路上，历经挫折和打击，仍然坚持下来，并激励我继续前进。

陈春莉
温州理工学院